Mondialisation, accords commerciaux régionaux et intégration de l'Afrique

5-7, rue de l'Ecole-Polytechnique, 75005 Paris

www.harmattan.com

ISBN : 978-2-343-11849-9
EAN : 9782343118499

Sous la direction de
Cécile Bastidon, Ochozias Gbaguidi
Azzedine Ghoufrane, Ahmed Silem

Mondialisation, accords commerciaux régionaux et intégration de l'Afrique

L'Harmattan

Sélection d'ouvrages et articles récents des auteurs

Désiré Avom, 2014, Qualité du cadre juridique, corruption et commerce international : le cas de la CEMAC, *Revue d'économie politique*, Vol. 124

Désiré Avom, 2013, La BEAC en quête de son autonomie, *Revue d'économie financière*, n°110

Cécile Bastidon & Nicolas Huchet & Yusuf Kocoglu, 2016. "Unconventional Monetary Policy in the Eurozone: A Lack of Forward Guidance?," Emerging Markets Finance and Trade, Taylor & Francis Journals, vol. 52(1), pages 76-97.

Giscard Assoumou-Ella & Cécile Bastidon, 2015. "Canal du commerce extérieur, politiques publiques et spécialisation des PED africains : étude empirique", *African Development Review,* vol. 27(2), pages 171-184..

Cécile Bastidon *Histoire de la globalisation financière. Essor, crises et perspectives des marchés financiers internationaux,* Paris, Armand Colin, coll. « U », 2010, 376 p. (avec J. Brasseul et Ph. Gilles), Préface de Ch. de Boissieu.

Ochozias Gbaguidi, 2013, « Cinquante ans d'intégration régionale en Afrique : un bilan global », *Techniques Financières et Développement,* N° 111

Ochozias Gbaguidi, 2010, " Les déterminants de la demande d'énergie dans l'espace CEDEAO,"chapitre 12 in BAD : *Mondialisation, Institutions et Développement économique de l'Afrique,*Paris, Economica,

Azzedine Ghoufrane, Nabil Boubrahimi, 2015, « aide pour le commerce et renforcement des capacités. Zoom sur l'expérience marocaine », *Passerelles,* volume 16 – n° 4

Azzedine Ghoufrane (dir.), *Commerce international, croissance et devenir de l'intégration en Méditerranée,* Ed. PUBLISUD, 2013.

Philippe Hugon, *Afriques-Entre puissance et vulnérabilité*, Paris, A Colin, 2016

Philippe Hugon, *Géopolitique de l'Afrique*, 3ème éd. SEDES, 2012

Nour El Houda Sadi & Ahmed Silem, , 2016 « La courbe en S de l'assurance et ses déviations au Maghreb », *Mondes en développement,* n° 173, p. 113-130.

Ahmed Silem, *Histoire de l'analyse économique*, 4è éd., Hachette, 2012

Jean-Marc Siroën & Aycil Yücer. 2016, "Trade Performance of Export Processing Zones", *The World Economy*.
Jean-Marc Siroën, 2013, "Labour provisions in preferential trade agreements: Current practice and outlook", *International Labour Review*, Vol 152, Issue 1, pp. 85–106, March.
Jean-Marc Siroën, *La régionalisation du monde*, coll. Repères n° 288, 2ème éd., La découverte, 2004

La publication de cet ouvrage n'aurait pu avoir lieu sans l'aide financière et matérielle de la Chaire de l'OMC de l'Université Mohamed V et de la Faculté des Sciences Juridiques, Economiques et Sociales -Souissi, Rabat.

Introduction générale

1. De la gouvernance de la mondialisation à l'instauration d'un système commercial multilatéral

L'objet de ce livre fait suite au colloque international qui s'est tenu à Rabat fin octobre 2015 sur le thème « 20 ans de l'OMC, intégration de l'Afrique et méga-accords commerciaux régionaux »[1]

Il s'agissait de marquer le vingtième anniversaire de l'entrée en vigueur des Accords de Marrakech créant l'Organisation mondiale du commerce (OMC), ainsi que le lancement des négociations de la zone de libre-échange continentale en Afrique (CFTA) et la poursuite de celles des méga-accords régionaux (le Partenariat Trans-pacifique [TPP] entre les États-Unis et les pays de l'Asie du Sud-Est, le Partenariat Transatlantique sur le commerce et l'investissement [TTIP] entre les États-Unis et l'Union européenne, l'accord économique et commercial global (AECG, plus connu par son acronyme en anglais CETA pour *Comprehensive Economic and Trade Agreement*) négocié entre l'UE et le Canada et, enfin, le Partenariat économique total régional [RCEP] entre l'ASEAN et l'Australie, la Chine, le Japon, la Corée du Sud, l'Inde et la Nouvelle Zélande).

Au niveau multilatéral, comparé à l'Accord général sur les tarifs douaniers et le commerce (AGETAC ou GATT en anglais, de 1947), les Accords conclus à l'issue du cycle de l'Uruguay - signés à Marrakech le 15 avril 1994 et entrés en vigueur le 1er janvier 1995- ont donné naissance à une véritable organisation mondiale du commerce en tant que cadre institutionnel intégré de la régulation des échanges commerciaux mondiaux. Ils ont aussi favorisé l'extension matérielle des règles posées initialement pour le commerce des marchandises à d'autres secteurs nouveaux. C'est le cas notamment du commerce des services et de la propriété intellectuelle qui ont été intégrés dans le processus de libéralisation des échanges internationaux et de leur réglementation avec la conclusion de l'Accord général sur le commerce des services (AGCS) et de l'Accord sur les aspects des droits de propriété intellectuelle qui touchent au commerce (ADPIC).

---

[1] Ce colloque a été organisé avec les soutiens de la Chaire de l'OMC, Université Mohammed V - Rabat, la Commission Économique pour l'Afrique des Nations Unies (Bureau de Rabat), le Centre Africain de Politique Commerciale et le Laboratoire d'économie appliquée au développement (LEAD, Université de Toulon).

L'OMC est apparue comme une instance indispensable à la gouvernance de la mondialisation en étant à l'origine de l'instauration d'un nouveau système commercial multilatéral plus universel (plus de160 membres représentant 98% des échanges commerciaux mondiaux), plus transparent (évaluation multilatérale des politiques commerciales des Etats membres et juridictionnalisation du mécanisme de règlement des différends) et plus attentif aux besoins spécifiques des pays en développement (consécration du traitement spécial et différentié des pays en développement qui constituent les 3/4 des membres de l'OMC).

Si l'OMC en tant que mécanisme de règlement des différends commerciaux interétatiques fonctionne bien (en peu de moins 20 ans, le mécanisme a enregistré environ 500 demandes de consultation), cette organisation en tant que forum de négociations commerciales multilatérales a souffert du blocage du cycle de Doha en raison des désaccords entre les pays développés et les pays émergents sur les principaux sujets de négociation (dossiers agricole et industriel). Cependant, la Conférence ministérielle de Bali (décembre, 2013) a restauré l'espoir en concluant le premier ensemble d'accords depuis la création de l'OMC en 1995 ; le "paquet de Bali" qualifié de "Doha light".

Malgré l'espoir suscité par la conférence de Bali et l'importance de l'accord sur la facilitation des échanges conclu lors de cette conférence, on continue à s'interroger sur le devenir du système commercial multilatéral en raison de la prolifération des accords commerciaux préférentiels tant bilatéraux que régionaux (chaque membre de l'OMC est partie à 13 accords commerciaux régionaux en moyenne), la difficile coexistence entre la perspective multilatérale et celle régionale et l'option de certains membres de l'OMC pour une approche plurilatérale.

Dans cette perspective, la priorité donnée par les grandes puissances à l'approche bilatérale et régionale en matière de négociations commerciales et le processus de négociation en cours de méga-accords régionaux (TPP, RCEP et TTIP) font peser de graves menaces sur le devenir du système commercial multilatéral. Outre les méga-accords régionaux dont la négociation est en cours, il convient de rappeler que l'absence de progrès notables sur la voie de la conclusion du cycle de négociations commerciales multilatérales de Doha a accentué la tendance de régionalisme économique à travers le monde (en avril 2015, 406 ACR étaient en vigueur selon l'OMC). Les pays des deux rives de la Méditerranée ainsi que ceux du continent africain se retrouvent également impliqués en raison de cette tendance dans un réseau complexe d'accords commerciaux régionaux.

Outre les Accords Euromed conclus dans le cadre du processus de Barcelone entre l'Union Européenne et les pays de la rive Sud de la Méditerranée, l'Afrique s'est inscrite dans la tendance mondiale en multipliant les communautés économiques régionales (COMESA, CAE, SADC, CEDEAO, IGAD, CEEAC, CENSAD et UMA).Plus récemment et parallèlement au processus de négociations d'Accords de Partenariat Economique (APE) conformes aux règles de l'OMC entre l'Union Européenne et les différentes communautés économiques régionales, l'Union Africaine a engagé lors son19ème sommet tenu du 14 au 16 juillet 2012 les gouvernements africains à accélérer la construction du marché commun africain par la création d'une zone de libre-échange continentale (CFTA) à la date indicative de 2017. Malgré les obstacles sur la voie de la réalisation de ce projet ambitieux, son adoption et l'ouverture des négociations en juillet 2015 constituent un indicateur supplémentaire sur la priorisation du régionalisme au détriment du multilatéralisme.

Au-delà du débat économique sur la cohabitation entre les deux formules (multilatéralisme et régionalisme), la régulation de cette cohabitation soulève des problèmes de nature juridique à l'instar de ceux qui renvoient à l'existence de mécanismes concurrents de règlement des différends ; celui prévu par l'OMC et ceux prévus par les accords régionaux.

Outre les procédures institutionnelles (consensus et engagement unique), d'autres raisons sont évoquées pour expliquer l'incapacité des membres de l'OMC de conclure les négociations commerciales multilatérales lancées en 2001 dont notamment un manque de soutien politique des principales puissances économiques à l'approche multilatérale en tant que cadre unique d'élaboration des règles commerciales. A cet effet, leur option récente pour le plurilatéralisme -c'est-à-dire la négociation d'accords n'engageant que certains membres de l'OMC à l'instar de celui lancé en 2013 sur le commerce des services (Trade in Services Agreement/TiSA), comporte le risque d'une fragmentation du système commercial multilatéral et d'une régulation à plusieurs vitesses (une sorte du retour au GATT à la carte).

Le plurilatéralisme et le régionalisme peuvent être considérés aujourd'hui comme les principales sources d'inquiétude pour le devenir du système commercial multilatéral et parmi les facteurs essentiels d'affaiblissement de l'OMC en tant qu'enceinte pertinente des négociations commerciales multilatérales.

Si les accords commerciaux régionaux ou plurilatéraux ont été considérés par certains comme un "mini-laboratoire" du système commercial multilatéral, il n'est pas sûr que la prolifération des accords commerciaux régionaux et l'établissement de régimes réglementaires divergents contribuent à la cohérence et la transparence à l'échelle mondiale.

2. Plan du livre

Les différents chapitres du présent ouvrage, sur la base d'analyses empiriques, examinent les différents aspects évoqués ci-dessus, aussi bien économiques que juridiques, en examinant le phénomène du développement des accords de libre-échange régionaux, ainsi que les méga-accords continentaux, dans sous l'angle de leur délicat processus de négociation que de leurs effets locaux, sans négliger les aspects d'une perspective de l'intégration financière au sein des accords régionaux..

Dans le premier chapitre, Jean-Marc Siroën, après avoir passé en revue l'origine du blocage des négociations multilatérales –le cycle de Doha- et de la prolifération des accords commerciaux régionaux, montre en quoi ces derniers visent non seulement à avancer sur des sujets négociations en léthargie dans la négociation de Doha, mais également à introduire des sujets qui ne relèvent pas de la compétence de l'OMC et qui n'ont donc pas été inclus dans l'agenda de négociation. Il revient ensuite sur l'analyse économique des accords commerciaux et sur les clivages idéologiques qui en découlent avec un grand malentendu sur le caractère libéral de ces accords alors même que les gains attendus par l'analyse économique sont inférieurs à ceux d'un libre-échange généralisé, voire même négatifs par rapport au *statu quo*. En d'autres termes, les accords commerciaux bilatéraux peuvent, dans certains cas, réduire le bien-être par rapport à la situation protectionniste antérieure, notamment lorsqu'on considère l'influence des règles d'origine qui s'entrecroisent dans un « bol de spaghetti » pour reprendre la métaphore proposée par Jagdish Bhagwati. Il examine ensuite le contenu des accords commerciaux régionaux qui conduisent à douter de la pertinence des théories traditionnelles polarisées sur les effets d'une baisse préférentielle des tarifs douaniers entre pays proches et donc partenaires « naturels ». Des sujets comme la concurrence, les investissements ou les normes de travail sont ainsi de plus en plus souvent introduits. Il aborde in fine l'avenir incertain de ces accords commerciaux.

Dans le deuxième chapitre Philippe Hugon analyse en quoi les pays africains sont intégrés régionalement, selon diverses échelles territoriales. Ces formes peuvent être à la fois *de jure* par des accords commerciaux, *de facto* par des interdépendances entre acteurs et les projets et géopolitiquement par des pluri partenariats. Il montre que la mise en place d'un monde multipolaire avec diversité des partenaires, notamment entre pays africains et émergents, se substitue à un monde post colonial caractérisé par des relations Nord/Sud avec l'Europe (APE) ou les États-Unis (AGOA) et une faiblesse des relations intra-africaines. Après avoir analysé les relations entre l'intégration mondiale et régionale, le chapitre présente la régionalisation, le régionalisme et le multi partenariat au sein des pays africains.

Le troisième chapitre est centré sur les avantages d'une intégration régionale. En analysant l'évolution du PIB des pays membres de la CEMAC, Désiré Avom, Amadou Bobbo et Dieudonné Mignamissi montrent, dans le cadre de la surveillance multilatérale expérimentée depuis 1994, que la convergence macroéconomique et son renforcement sont favorables à la croissance économique. Toutefois, la mise en place des critères de convergence n'a pas eu un impact significatif sur la croissance économique des pays de la CEMAC, en raison principalement de la forte hétérogénéité des économies. Ce résultat est obtenu sur la base du modèle de Solow augmenté de Mankiw et *al.* auquel sont ajoutés, pour capter l'effet global, une variable muette et, respectivement les quatre critères de convergence pour les effets spécifiques. Ces résultats en demi-teinte conduisent les auteurs à suggérer une refonte du dispositif de la surveillance multilatérale afin d'optimiser son impact sur la croissance économique.

Le quatrième chapitre, ayant pour auteur Kawtar Dkhissi, analyse les effets des accords préférentiels signés par le Maroc, à partir d'un échantillon de 171 pays, en comparant les années 1998 et 2013. Sont retenus les accords bilatéraux avec l'Union européenne, la Turquie, la Jordanie, l'Égypte, les États-Unis et les Émirats arabes unis. l'Union du Maghreb Arabe est abordée via la convention commerciale et tarifaire. Ces accords permettent d'aborder fonctionnement du système global de préférences commerciales et la clause de la nation la plus favorisée. Empiriquement le chapitre présente le potentiel de commerce d'un probable accord commercial et d´investissement avec l'Union économique et monétaire ouest-africaine et arrive à la conclusion selon laquelle il existe, d'une part, un impact positif des accords sur les exportations du Maroc et, d'autre part, à un potentiel inexploité avec les pays de l'UMA et les autres pays d'Afrique.

Le cinquième chapitre, dû à Myriam Donsimoni, a cette particularité de porter sur un des rares pays non membre de l'OMC, l'Algérie, mais qui cherche à y adhérer depuis 1987 initialement dans le cadre du GATT. Comme l'écrivent Barbet-Souam-Talahite[1], cette démarche est de loin le plus longue (30 ans) parmi les négociations en cours. Myriam Donsimoni montre en fait que l'Algérie constitue un cas d'école dans l'illustration de l'enfermement d'une économie, quasiment mono-exportatrice, axée sur le pétrole et le gaz. Cet enfermement serait la conséquence de la malédiction de la rente. Après une présentation de l'évolution récente du marché des hydrocarbures et des caractéristiques de l'économie algérienne, ce chapitre, d'une part, examine les enjeux liés à l'adhésion de l'Algérie à l'OMC et, d'autre part, expose quelques éléments d'éclaircissement sur les avantages à en tirer et sur les défis à relever.

Le sixième chapitre aborde les aspects financiers sous l'angle de l'étude d'événements en intégrant de façon originale la dimension d'intégration financière régionale. Il est en effet possible de faire l'hypothèse que les projets de regroupements régionaux sont susceptibles d'avoir des effets sur les cours des actifs financiers cotés sur des places encore peu développées et caractérisées par une grande fragilité. Ces projets peuvent également influer sur la résilience de ces places aux politiques monétaires conduites dans les pays développés. L'objet de ce chapitre est dès lors d'analyser les effets de

[1] Barbet Philippe, Saïd Souam, Fatiha Talahite Enjeux et impacts du processus d'adhésion de l'Algérie à l'OMC, *Document de travail CEPN-CNRS,* N° 2009-05. Accessible par https://hal.archives-ouvertes.fr/halshs-00607420/document

l'intégration financière et commerciale des marchés d'actions d'Afrique du Nord sur leur sensibilité aux politiques monétaires internationales. Pour cela les auteurs (Giscard Assoumou-Ella, Cécile Bastidon et Bastien Bonijoly) proposent de tester spécifiquement la vulnérabilité des marchés financiers la vulnérabilité des marchés d'actions d'Afrique du Nord (Egypte, Maroc, Tunisie) aux annonces de sortie des politiques monétaires accommodantes du Federal Reserve Board (FED) américain. Les tests, en données de panel, sont effectués selon deux méthodologies distinctes. La première méthodologie consiste à construire les variables muettes d'annonces de politiques monétaires en isolant les dates de réunions et de publications de minutes correspondant à des annonces de resserrement et ayant un effet défavorable significatif sur les marchés d'actions. Dans la seconde méthodologie, la construction de la variable muette est effectuée à l'aide de la couverture médiatique. . Les effets de l'intégration commerciale et financière sont mesurés par l'ajout de variables domestiques spécifiques, à la fois directement, et par le biais de termes d'interactions avec les variables d'annonce de politiques monétaires.

A. SILEM, C. BASTIDON, O. GABGUIDI, A. GHOUFRANE

Chapitre 1
Les accords commerciaux régionaux. Alternative au multilatéralisme ?

Jean-Marc Siroën[1]

Depuis les années 1990, les accords commerciaux régionaux, au sens de l'Organisation Mondiale du Commerce (OMC)[2], se sont multipliés alors même que les négociations commerciales multilatérales, s'enlisaient. Si huit cycles de négociations multilatérales (« Rounds ») se sont succédé entre 1947 et 1993, aucun n'a été conclu depuis. L'achèvement du cycle de négociation de Doha, ouvert en 2002 reste une perspective lointaine et, à dire vrai, improbable. Ces deux faits sont liés. Les accords bilatéraux entre pays ou groupes de pays apparaissent comme un substitut au multilatéralisme, pierre angulaire de l'ordre commercial international de l'après-guerre et initié à Bretton Woods (1944). Ces accords constituent une alternative séduisante pour les plus grandes puissances commerciales qui, libérées de coalitions hostiles, bénéficient d'un rapport de force plus favorable et échappent au mur du consensus de l'OMC qui revient à conférer un droit de veto à chaque pays membre dusse-t-il ne compter que quelques dizaines de milliers de citoyens. Mais le charme de l'alternative bilatérale est assez illusoire. Les deux modes de négociation se heurtent aux mêmes blocages, notamment la crainte, avérée ou fantasmée, d'effets destructeurs sur l'économie nationale et l'emploi et, de plus en plus, les réflexes identitaires et nationalistes de pays qui voient dans tout accord commercial un abandon de souveraineté même dans les pays qui exercent pourtant un réel pouvoir de leadership dans les négociations commerciales.

Après avoir passé en revue l'origine du blocage des négociations multilatérales –le cycle de Doha- et de la prolifération des accords

[1] Université Paris-Dauphine, PSL Research University, IRD, LEDa, UMR [225], DIAL, 75016 PARIS, FRANCE

[2] D'après les définitions actuelles de l'OMC, les « accords commerciaux régionaux » sont des accords réciproques entre deux partenaires ou plus, comme les traités de libre-échange ou les Unions douanières qui relèvent de l'article XX du GATT pour les biens et de l'article V du GATS pour les services. Ils sont à distinguer des Arrangements Commerciaux Préférentiels (ACPr) qui sont des préférences commerciales unilatérales, comme le Système Généralisé de Préférence ou les accords de Lomé-Cotonou entre l'Union Européenne et les pays Afrique-Caraïbe-Pacifique (ACP).

commerciaux régionaux, nous montrerons en quoi ces derniers visent non seulement à avancer sur des sujets négociations en léthargie dans la négociation de Doha, mais également à introduire des sujets qui ne relèvent pas de la compétence de l'OMC et qui n'ont donc pas été inclus dans l'agenda de négociation. Nous reviendrons ensuite sur l'analyse économique des accords commerciaux et sur les clivages idéologiques qui en découlent avec un grand malentendu sur le caractère libéral de ces accords alors même que les gains attendus par l'analyse économique sont inférieurs à ceux d'un libre-échange généralisé, voire même négatifs par rapport au statu quo. En d'autres termes, les accords commerciaux bilatéraux peuvent, dans certains cas, réduire le bien-être par rapport à la situation protectionniste antérieure, notamment lorsqu'on considère l'influence des règles d'origine qui s'entrecroisent dans un « bol de spaghetti » pour reprendre la métaphore proposée par Jagdish Bhagwati (1996).

Nous examinerons ensuite le contenu des accords commerciaux régionaux qui conduisent à douter de la pertinence des théories traditionnelles polarisées sur les effets d'une baisse préférentielle des tarifs douaniers entre pays proches et donc partenaires « naturels ». En effet, l'essentiel de nombreux accords n'est pas dans l'élimination des droits de douane, ni même des barrières non tarifaires, mais, de plus en plus souvent, dans des questions qui sans relever de la politique commerciale, peuvent néanmoins l'influencer même indirectement. Des sujets comme la concurrence, les investissements ou les normes de travail sont ainsi de plus en plus souvent introduits.

L'avenir incertain de ces accords commerciaux sera finalement envisagé.

1.1. La prolifération des accords commerciaux.

Des années 1950 aux années 1980 les accords commerciaux notifiés au GATT ont été peu nombreux, le Traité de Rome de 1957 et sa concurrente, l'Association Européenne de Libre Echange, ayant été les deux initiatives les plus visibles. La montée en puissance de ces accords date des années 1990 (voir tableau 1). Elle est due à la fois à des évolutions historiques, mais plus significativement, à la crise d'une des fonctions essentielles du GATT et, aujourd'hui, de l'OMC qui est d'organiser des cycles de négociation visant à libéraliser le commerce sur la base de la réciprocité et, le cas échéant, à engager des réformes structurelles dont la plus marquante fut d'ailleurs la création de l'OMC par l'accord de Marrakech (1994).

Figure 1 -Nombre d'accords notifiés à l'OMC (biens et/ou services) et en vigueur (1957-2015)

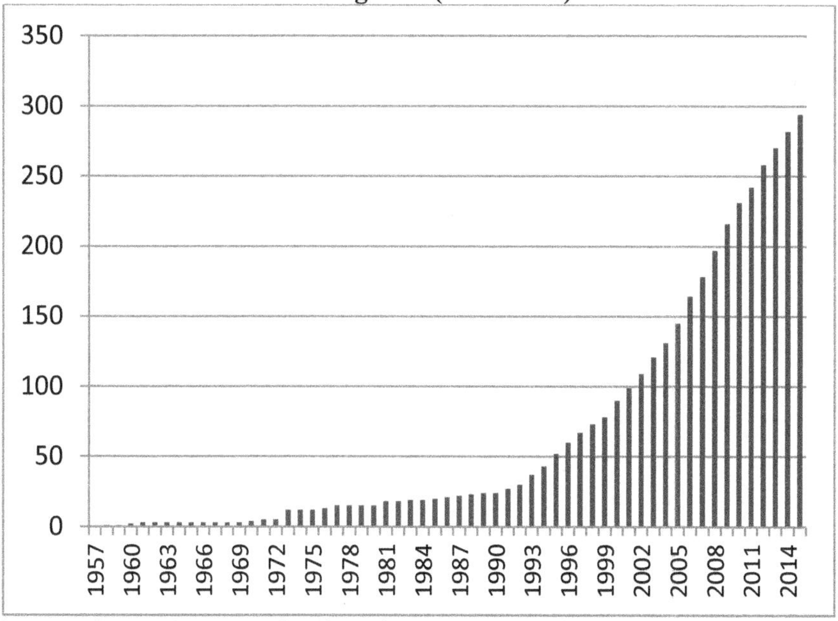

Source : d'après OMC, Regional Trade Agreements Information System (RTA-IS)

Dans les années 1990, un certain nombre d'accords pourraient être compris indépendamment même de la crise du multilatéralisme. La chute du mur de Berlin, puis l'éclatement de l'Union soviétique, ont contribué à cette prolifération. Les accords visaient soit à maintenir des liens commerciaux entre des pays auparavant liés par la « division internationale socialiste du travail » planifiée à Moscou, soit, au contraire ou en complément, à s'ouvrir vers d'autres pays, notamment européens, en vue de préparer une adhésion à ce qui était encore la Communauté Européenne.

Les années 1980 voient également la conversion des pays en développement sinon au libre-échange, du moins à l'opportunité de stimuler leur croissance par les exportations. Certains adoptent une nouvelle stratégie qui les conduit à négocier des accords entre eux (ASEAN, Mercosur) ou avec des pays plus avancés, dans un cadre régional (ALENA) ou bilatéral. Cette constitution de « blocs » régionaux devait provoquer un effet domino (Baldwin, 1993) : plus la zone s'étendait, plus il devenait coûteux de rester à l'écart. L'élargissement de l'Union européenne répondait à cette logique qui a pourtant moins réussi en Amérique latine voire en Asie.

Néanmoins, ces explications s'estompent dans les années 2000 lorsqu'il apparaît que le cycle de Doha risque sinon d'échouer, du moins de ne pas satisfaire les ambitions de certains pays, notamment industriels alors que les pays en développement et émergents souhaitaient limiter les sujets à l'accès aux marchés. L'introduction d'un sujet relatif au droit des travailleurs est rejeté dès la Conférence de Singapour (1996) qui, par ailleurs, définit une liste de quatre sujets – les sujets de Singapour- qui pourraient être traités dans le prochain cycle de négociation : facilitation des échanges, concurrence, investissements, marchés publics. Dans un climat d'émeute anti-mondialiste, la Conférence de Seattle (1999) ne parvient pas à définir un programme de négociation. La Conférence de Doha (2001) n'y parviendra qu'en repoussant la décision sur les sujets de Singapour à la Conférence de Cancun deux ans plus tard. Les leaders historiques -États-Unis, Union Européenne- se heurtent à l'opposition d'une coalition de pays émergents menés par le Brésil et l'Inde et qui, quoiqu'hétéroclite, s'est révélé efficace pour rééquilibrer les rapports de force du côté des pays émergents. Des quatre sujets de Singapour, un seul survivra, la facilitation des échanges. Ironie de l'histoire, ce sujet aboutira à un accord séparé qui est aujourd'hui en cours de ratification dans les pays membres. Depuis Cancun (2003), les négociations n'ont guère évolué et les discussions portent davantage sur les programmes de travail que sur le fond des sujets eux-mêmes. Si les conférences continuent à entretenir l'illusion d'un aboutissement possible, c'est parce qu'aucun pays n'est disposé à assumer la responsabilité de la rupture.

Les causes de cet échec, qui n'attend qu'à être acté, ont été souvent évoquées. La règle du consensus devient de plus en plus contraignante avec un nombre croissant de négociateurs dont la Chine et la Russie, pourtant relativement peu actifs. Cet argument logique n'est pas convaincant. La multiplication des négociateurs exige l'élargissement du champ de négociation pour donner une plus grande chance à chaque pays d'y trouver son compte et, en même temps, de mieux choisir ses concessions, celles où le coût économique et politique serait le plus faible. Or, l'agenda de Doha, avec plus d'une trentaine de sujets, a intégré cet élargissement, mais peut-être pas suffisamment ou pas avec les bons sujets qui auraient permis d'équilibrer les demandes et les offres de chacun. De toute façon, la règle du consensus est un faux sujet puisqu'elle préserve la souveraineté des États et qu'il n'est pas envisageable de trouver un consensus pour … abandonner la règle du consensus[1].

Le cycle de Doha a été conçu comme le prolongement du cycle d'Uruguay. Il s'agissait de poursuivre l'effort en faveur de la libéralisation de l'agriculture, de réduire les pics tarifaires et de remplir le traité sur les services –le GATS- avec de réelles mesures de libéralisation. D'une certaine manière, les négociations de Doha restaient rivées au contexte des années 1980 –le cycle d'Uruguay a commencé en 1986- un monde sans internet et téléphones cellulaires, où la Chine était un nain commercial, où l'Union Soviétique contrôlait le commerce de ses satellites, où le prix des matières

[1] Même si l'accord instituant l'OMC, a laissé ouverte l'option d'un vote à la majorité en cas de blocage.

premières restait bas et où le développement soutenable n'était pas un incontournable des traités internationaux. Le programme du cycle de Doha, bien que baptisé « du développement » a donc été fixé sans vraiment se soucier de la révolution technologique, de la montée en puissance des pays émergents, de la dispersion de la chaîne mondiale de valeurs, des crises financières et monétaires redondantes ou des questions environnementales.

Paradoxalement, la grande vague d'ouverture commerciale des années 1980 et 1990 et qui venait principalement des pays émergents et ex-socialistes, a contribué à fragiliser l'édifice multilatéral. En effet, au fur et à mesure que le commerce se libérait, les gains marginaux de la libéralisation commerciale décroissaient, alors que les coûts politiques marginaux augmentaient. Il faut en effet mordre sur le noyau dur de la protection qui avait été jusqu'alors laissé de côté car trop sensible, politiquement et économiquement. De plus, le coût politique de la libéralisation a augmenté du fait d'un retournement des opinions publiques sur les bienfaits d'une mondialisation de moins en moins perçue comme « heureuse » à laquelle a été imputée, souvent à tort, mais parfois à raison, la responsabilité de tout ce qui allait mal et particulièrement, la montée des inégalités et du chômage ou le déclassement des classes moyennes.

Cette désillusion vis-à-vis de la mondialisation, aujourd'hui sur-jouée par les politiciens populistes, a conduit à une impossibilité qui se suffit à elle-même pour expliquer l'impasse de Doha. Il est apparu nettement, dans les années 2000, que jamais le Congrès des États-Unis ne ratifierait un traité commercial multilatéral qui nécessite une majorité des deux tiers du Sénat. Or la plupart des démocrates, aiguillonnés par les syndicats –l'AFL-CIO- s'y opposerait notamment parce que le respect des droits des travailleurs, exclus de l'agenda de Doha, n'y serait pas inclus. Si les Républicains, sont a priori plus libéraux, la tentation isolationniste reste présente ainsi qu'une méfiance viscérale vis-à-vis des tentations supranationales de l'OMC qui iraient non seulement à l'encontre de la souveraineté des États-Unis, mais, pire encore peut-être, de la souveraineté du Congrès, désigné par la Constitution comme le responsable de la politique commerciale. Par ailleurs, tous les élus républicains, ne verraient pas tous d'un très bon œil la réduction des soutiens à l'agriculture et tout particulièrement aux producteurs de coton, tellement symboliques de l'histoire américaine, mais dont l'élimination est devenue une des revendications emblématiques des pays en développement et notamment africains. Les États-Unis qui ne veulent pas d'un accord dont ils ne sauraient pas faire ratifier, ont donc quasiment cessé d'assumer la fonction de leader qu'ils assumaient auparavant. L'Union européenne, elle-même, qui affronte la même désillusion et les mêmes tentations isolationnistes, ne peut davantage l'assurer. La ratification d'un accord dans chaque pays membre ainsi qu'au Parlement européenne est en effet à peine moins improbable qu'aux États-Unis.

1.2. Les accords commerciaux, un protectionnisme déguisé ?

Dans la « pop » économie, les traités commerciaux « régionaux » sont souvent considérés comme une forme de libre-échange. C'est une étape, même si c'est par un détour, vers un libre-échange généralisé. Ils concourent à l'approfondissement de la mondialisation. De fait, la libéralisation du commerce au XIXème siècle s'est fondée sur des traités de libre-échange, souvent initiés par l'Angleterre (traité Cobden-Chevalier de 1860). Ils étaient toutefois liés les uns aux autres par la clause de la nation la plus favorisée qui limitait la discrimination entre pays. Ce système était donc assez proche du multilatéralisme, certes sans organisation internationale de type OMC, mais avec un leader, l'Angleterre.

Le paysage change dans les années 1930. Les accords préférentiels sont ouvertement discriminatoires et associés à la montée du protectionnisme. La préférence impériale britannique de 1932 (Conférence d'Ottawa) permet à l'Angleterre de continuer à s'approvisionner dans sa vaste zone tout en élevant ses protections vis-à-vis du reste du Monde. Dans les années 1940, les négociations économiques entre les États-Unis et l'Angleterre, qui se concluront par l'accord de Bretton Woods et la Charte de la Havane (à laquelle se substituera le GATT, faute de ratification), se heurtent notamment aux préférences impériales britanniques que les États-Unis voulaient dissoudre et que l'Angleterre souhaitait conserver, ce qui, d'ailleurs, retardera son adhésion à la Communauté européenne. L'article XX du GATT est le résultat d'un compromis : les traités de libre-échange ou d'union douanière seront possibles, mais à condition qu'ils ne conduisent pas à durcir la protection vis-à-vis du reste du monde.

La théorie économique est venue conforter cette méfiance vis-à-vis de traités commerciaux préférentiels et donc discriminatoires. Les conséquences incertaines des accords de préférence sont ainsi enseignées et étudiées sous les auspices de Jacob Viner qui met en évidence deux effets contradictoires. Certes, l'accord favorise bien l'accroissement des échanges des pays partenaires et favorise une spécialisation bénéfique. Il crée du commerce. Mais en maintenant des barrières douanières vis-à-vis de l'extérieur, les pays renoncent aussi à importer des biens plus compétitifs du reste du monde. Il détourne du commerce au détriment des autres pays et du bien-être national. La balance entre ces effets n'est pas déterminée par la théorie. Néanmoins, les effets de détournement seront d'autant plus faibles que les pays échangeaient déjà beaucoup entre eux avant la mise en place de l'accord, ce qui suggère qu'ils soient proches puisque, comme l'ont confirmé les modèles de gravité largement utilisés dans les modèles de commerce international, l'élasticité du commerce bilatéral à la distance est forte. On retrouve ainsi une explication à l'épithète « régional » accolé par l'OMC aux accords commerciaux. Et, de fait, les traités commerciaux ont longtemps été des accords strictement régionaux (Traité de Rome, ALENA, Pacte andin,

ASEAN, etc.) rendant les accords commerciaux bilatéraux acceptables dès lors qu'ils retrouvaient les contours des « zones naturelles ». De plus, en favorisant la proximité, ils épargnaient des coûts de transport « improductifs » (Krugman, 1991). Cette tolérance relative ne suffit pourtant pas à dénier le caractère protectionniste et anti-libéral des accords préférentiels, car les effets de détournement demeurent. Pour Bhagwati (1992), les accords commerciaux « régionaux » restent une hérésie. Ils favorisent la constitution de blocs, c'est-à-dire de grandes zones dont le poids dans le commerce mondial leur permettra de se comporter en monopoliste (ou monopsoniste) et incitera à mettre en œuvre des politiques commerciales « optimales » du point de vue du bloc qui améliore ses termes de l'échange, mais prédatrices pour les autres. Le seul bloc qui vaille serait alors .... le Monde

La crainte de grands blocs pratiquant des politiques commerciales optimales, donc protectionnistes au sens de la théorie économique, ne s'est pas concrétisée, du moins pour l'instant. Néanmoins deux évolutions des accords commerciaux tendent à réactiver les inquiétudes et à douter de la contribution des accords commerciaux « régionaux » à l'expansion des échanges.. La première est que les accords commerciaux « régionaux » ne sont plus systématiquement « régionaux ». Ils ne concernent donc plus des pays ayant des relations commerciales intenses. Tel est le cas, par exemple, des traités commerciaux de l'UE avec le Mexique, le Chili ou la Corée. L'éloignement est accompagné d'une faible part dans les échanges réciproques, d'où des effets de détournement potentiellement importants. La seconde, plus souvent négligée, est que ces accords concernent des pays qui imposent déjà des droits de douane relativement bas, ce qui diminue les gains potentiels de l'accord, mais augmente les coûts de transaction liés au contrôle des règles d'origine. Tout traité de libre-échange, qui, contrairement aux Unions douanières, préserve l'indépendance des politiques commerciales nationales, implique la définition de règles d'origine qui fixeront les conditions auxquelles devra satisfaire un produit importé d'un pays partenaire pour bénéficier des exonérations tarifaires prévues dans l'accord. Il s'agit, en effet, d'éviter le contournement de pays tiers qui exporteraient vers le pays qui pratique les droits les plus bas pour réexporter ensuite en franchise vers l'autre pays de la zone. Il s'agit de vérifier que le produit en question a donc subi une transformation suffisante dans le pays partenaire exportateur. Cette règle conduit alors à préférer des inputs produits dans la zone au détriment des inputs produits dans des pays tiers, même si ceux-ci sont plus compétitifs (Deardorff, 2016). La fragmentation de la chaîne de valeur, conséquence de l'ouverture des pays à faibles coûts salariaux, a rendu la conformité aux règles d'origine plus contraignante et plus protectionniste. De plus, ce qui est déjà difficile dans un pays qui n'adhèrerait qu'à un traité unique, devient extrêmement complexe lorsque le pays est lié à plusieurs traités et donc à un faisceau de règles d'origine qui ne sont pas nécessairement similaires. C'est le « bol de spaghetti » de Bhagwati (1996). Comment le Mexique engagé dans l'ALENA avec les États-Unis et le Canada, mais partenaire de l'Union Européenne –et d'une quinzaine d'autres pays-doit-elle apprécier l'origine d'un produit européen qui incorpore de la valeur ajoutée américaine ?

Du fait de ces règles d'origine, les accords commerciaux tendent donc non seulement à freiner la mondialisation des chaines de valeurs en pénalisant les inputs importés, mais elles augmentent également les coûts de transaction liés au dossier exigé par les douanes. Ainsi, les traités de libre-échange entre pays qui pratiquent des droits de douane faibles peuvent finalement voir augmenter leurs coûts de transaction. Si les droits de douane sont de 5% et les coûts liés aux règles d'origine de 6 %, le traité de libre-échange conduit à … plus de protectionnisme. En termes de bien-être la situation est même pire puisque la constitution du dossier douanier peut être considérée comme improductive alors que les recettes douanières se défalquent de la perte de bien-être due au renchérissement du prix des biens importés.

Une des grandes interrogations aujourd'hui est le ralentissement du commerce international. Il est tout à fait possible que celui-ci soit ainsi la conséquence quasi mécanique de la prolifération des accords commerciaux « régionaux » (Siroën, 2017).

1.3. La réalité des accords régionaux

De fait, la baisse des droits de douane n'est plus la seule préoccupation des traités commerciaux. Si tel était le cas, pourquoi Singapour, qui applique des droits nuls à tous ses partenaires, serait-il engagé dans 13 accords commerciaux bilatéraux? D'une manière générale, comment expliquer cette relation a priori paradoxale entre des droits de douane non—préférentiels (Nation la Plus Favorisée dans la terminologie OMC) et un nombre toujours plus élevé d'accords commerciaux préférentiels qui génèrent des coûts spécifiques non négligeables liés, notamment, aux règles d'origine ?

De fait, les traités ne se limitent plus à l'abaissement des droits de douane, mais traitent de sujets suspendus à l'hypothétique conclusion du cycle de Doha, ou de sujets exclus de la négociation (tableau 1). Cette relative marginalisation des droits de douane comme sujet de négociation, remet donc en cause l'analyse traditionnelle des accords de préférence commerciale et force est de reconnaitre que les effets sur le commerce, la croissance ou le bien-être de cette alourdissement des accords restent très mal identifiés, d'autant plus qu'ils relèvent souvent de domaines politiquement sensibles.

Tableau 1 -« Nouveaux sujets » - Nombre d'accords commerciaux régionaux (ACR) concernés et pourcentage par rapport aux accords en vigueur (juin 2016).

Travail	Environnement	Investissement	Marchés publics	Régulations intérieures	Concurrence
48	71	127	120	103	144
17%	25%	45%	43%	37%	51%

Source OMC – RTA database

Horn et *al.* (2010) positionnent ainsi les différents sujets par rapport à l'OMC[1].Ainsi, les dispositions dites OMC+ approfondissent les règles et accords de l'OMC et sont concernées par l'agenda de Doha : anti-dumping, propriété intellectuelle, aides d'État, barrières techniques, etc.

Les dispositions dites OMC-X incluent des obligations en dehors du champ de compétences de l'OMC : concurrence, travail, éducation, rapprochement des règles et des lois, corruption, fiscalité, gouvernance, etc. Dans ce cas, la négociation bilatérale va au-delà du mandat de l'OMC, notamment sur les normes de travail ou les sujets de Singapour exclus de l'agenda de Doha.

Une autre typologie est néanmoins possible sur le critère de la frontière.

L'Intégration « superficielle » (*shallow integration*) se limiterait aux mesures à la frontière : droits de douane, droits antidumping, mesures sanitaires, immigration, etc. L'intégration « profonde » (*deep integration*) concernerait les mesures prises « à l'intérieur des frontières » et impliqueraient, en général, une adaptation des régulations nationales : concurrence, travail, éducation, fiscalité, etc.

Cet approfondissement des accords a des implications importantes pour l'analyse économique.

L'analyse vinerienne en termes de baisse des droits de douane est devenue moins pertinente et laisse de côté ce qui est parfois l'essentiel. Ce ne sont d'ailleurs pas des mesures non tarifaires, qui restent des mesures « à la frontière » et peuvent être ramenées à des équivalents tarifaires- qui posent le plus grand problème, mais bien l'influence des régulations « à l'intérieur des frontières » dont les impacts sont plus difficilement quantifiables. En contrepartie l'impact des accords commerciaux devient plus difficile à estimer.

Par ailleurs, les mesures d'intégration profonde « à l'intérieur des frontières » sont en général moins discriminatoires, car elles s'appliquent à tous les pays. En effet, un pays pourra assez difficilement introduire dans

---

[1] Voir la base de données
www.wto.org/english/res_e/booksp_e/anrep_e/wtr11-anatomy_ptas_e.xls

son droit de la concurrence ou dans son droit du travail des mesures qui ne s'appliqueraient qu'aux pays partenaires. L'intégration profonde relativise donc la question des effets de détournement.

Quelques travaux ont récemment étudié les effets des accords bilatéraux ou régionaux sur le commerce en fonction du contenu des traités. L'indicateur est alors soit additif –la simple somme des sujets traités- soit composite à partir des méthodes de l'analyse des données.

A partir de leur base DESTA, Dür et *al.* (2014), analysent 587 accords mis en œuvre entre 1945 et 2009 et confirment que les dispositions qui ne concernent pas directement les tarifs (libéralisation des services, investissement, propriété intellectuelle, etc.) ont un impact positif significatif sur le commerce des biens.

Orefice et Rocha (2014) considèrent 66 accords sur la période 1980-2007 et trouvent qu'une disposition supplémentaire augmente le commerce bilatéral de 1 % en moyenne. L'impact des dispositions serait plus élevé pour les dispositions WTO+ que pour les dispositions WTO-X.

Ahcar & Siroën (2014) à partir des bases DESTA et OMC analysent l'effet de 103 accords sur la période 1980-2012, arrivent à des résultats incertains. Si les indicateurs additifs montrent un effet positif de la profondeur des accords sur le commerce entre pays partenaires, l'indicateur composite (analyse en composante multiple) montre que seules les dispositions WTO+ favorisent le commerce. Toutefois, une relation non linéaire est mise en évidence. Au-delà d'un certain seuil : l'effet devient négatif pour WTO+, mais positif pour WTO-X.

Si on s'attache à une disposition WTO-X où, par ailleurs, les liens avec le commerce sont débattus, comme le respect des droits fondamentaux des travailleurs, Siroën (2012) a montré que le respect mutuel des normes de travail (travail des enfants, discrimination) favorisait le commerce bilatéral, même si l'amélioration des normes de travail n'accroissait le commerce total –ou « multilatéral- qu'en dessous d'un certain seuil. Par ailleurs, l'inclusion de dispositions relatives au travail dans les accords commerciaux favoriserait le nombre de ratifications des conventions « fondamentales » de l'OIT[1], mais aurait peu d'influence, voire une influence négative sur les pratiques (Siroën & Andrade, 2016).

1.4. L'avenir des nouveaux traités commerciaux

L'évolution des traités commerciaux vers l'approfondissement a été spectaculaire. Et c'est la volonté d'aller plus loin ou autrement que le trop

[1] La déclaration de l'OIT relative aux principes et droits fondamentaux au travail (1998) définit quatre principes fondamentaux auxquels sont attachés huit conventions : liberté d'association (conventions 87 et 98), travail forcé (conventions 29, 105), discrimination (conventions 100, 111), travail des enfants (conventions 138,182)

rigide cadre multilatéral de l'OMC, qui explique largement l'explosion du nombre d'accords depuis les années 1990.

Cette volonté d'approfondissement est liée à l'évolution même du commerce international où les droits de douane sont devenus des obstacles relativement marginaux du fait de leur niveau historiquement bas, mais également parce que les intérêts commerciaux des pays appelaient d'autres formes de régulation. Ainsi, le développement de la chaîne mondiale de valeur, c'est-à-dire une spécialisation des pays en termes de tâches, plutôt qu'en termes de produits –conception ou assemblage plutôt que blé ou automobiles- est peu gênée par les droits de douane du fait, notamment, de la multiplication de zones franches d'exportation (Yücer et Siroën, 2016) qui les ont abolis, mais très exigeante en termes de garantie des investissements directs, de protection de la propriété intellectuelle ou des règles de concurrence (Orefice et Rocha, 2014). En même temps, la délocalisation de tâches intensives en main-d'œuvre –comme l'assemblage ou la couture dans les industries d'habillement- ou polluantes suscitent une opposition de la société civile qui conduit à introduire plus systématiquement des clauses relatives aux droits des travailleurs ou à l'environnement pour rendre acceptables des accords commerciaux souvent impopulaires.

La négociation de « méga-traités », comme le Trans-Pacific Partnership (TPP), ou le Transatlantic Trade and Investment Partnership (TIPP) doit aussi être perçue comme le moyen de diffuser de nouvelles normes et règles au-delà même des parties prenantes. En effet, lors de la Conférence de Cancun en 2003, les pays leaders, au premier rang desquels les États-Unis et l'Union européenne avaient dû affronter l'opposition d'une coalition de pays émergents emmenée notamment par l'Inde et le Brésil, la Chine restant aux aguets, mais en arrière-plan. Pour ces pays, l'échec de la conférence ministérielle devait signer l'acte fondateur d'un leadership mieux partagé. Puisque la négociation multilatérale est devenue infructueuse et sans issue, la stratégie adoptée notamment par les États-Unis a été de restreindre à un cadre « méga-régional » des accords d'intégration profonde avec l'idée que par « effet domino » ou « effet californien », les règles définies sous l'autorité des États-Unis finiraient par s'imposer à tous, y compris d'ailleurs à la Chine, absente du TPP et qu'elles seraient davantage conformes aux intérêts des États-Unis que ceux qui auraient pu finir par émerger à l'OMC. L'effet domino (Baldwin et Jaimovich, 2010) est lié au fait qu'un pays dont les principaux partenaires commerciaux sont liés à un accord préférentiel dont il est exclu subira des pertes qui l'inciteront à entrer dans le traité. L'effet californien repose sur le processus selon lequel les firmes exportatrices en étant contraintes de satisfaire aux normes et règlementations du pays importateur seront conduites à les adopter et à les généraliser. Ces différents mécanismes tendraient donc à multilatéraliser des règles et des normes préalablement actées dans des accords commerciaux régionaux.

Il n'est toutefois pas certain que cette stratégie aboutisse. L'intégration profonde est en effet très intrusive et, en ne s'arrêtant pas aux frontières, remet en cause les cadres législatifs et règlementaires de pays souverains. Cette « ingérence » suscite alors l'inquiétude des opinions publiques, et de leurs représentants politiques. Cette opposition ne vient d'ailleurs pas seulement des pays à faible pouvoir de négociation, mais des pays leaders eux-mêmes. Une des raisons pour lesquelles le cycle de Doha est sans avenir est l'impossible ratification par le Congrès américain. Un des paris fait par l'administration américaine est certes que des accords limités confèrent un pouvoir de négociation plus fort aux États-Unis et doivent donc aboutir à des accords moins difficiles à faire accepter par le Congrès. Il a néanmoins fallu plusieurs années pour faire ratifier l'accord avec la Colombie ou avec la Corée.... A l'heure actuelle, la viabilité de cette stratégie n'est pas démontrée et la ratification du TPP, comme l'issue des négociations TIPP, restent incertaines. A noter également que dans l'Union européenne, l'effet domino ne joue plus et tend même à s'inverser avec le départ du Royaume-Uni.

Conclusion

La dynamique des accords commerciaux est passée de la baisse des droits de douane à l'harmonisation des normes et des règles dont certaines ont un impact direct sur le commerce, comme les normes techniques, ou un effet plus indirect comme les investissements ou les normes de travail. Les accords « bilatéraux » ou inter-régionaux proposent une alternative au multilatéralisme et à l'OMC qui ne parvient ni à intégrer des nouveaux sujets, ni à faire avancer les négociations internationales. Le succès de cette voie « bilatérale » de libéralisation commerciale, aujourd'hui privilégiée par les plus grandes puissances commerciales, n'est pourtant pas assurée et imposent des négociations longues qui, même si elles aboutissent, ne garantissent pas la ratification face à des opinions publiques et une classe politique de moins en moins convaincue des avantages de l'ouverture commerciale. Alors même que les traditionnels lobbies protectionnistes ont vu leur influence diminuer avec le déclin des industries traditionnelles et la mondialisation des chaines de valeur, les doutes sont également entretenus par les partisans et théoriciens du libre-échange qui perçoivent ces accords préférentiels, et donc discriminatoires, comme une forme d'hérésie économique. Il est vrai que la baisse spectaculaire de droits de douane « nation la plus favorisée » appliqués rend les gains d'autant plus faibles pour des effets de détournement que la « dé-régionalisation » de certains accords intercontinentaux, rend plus probable avec un « bol de spaghettis » de règles d'origine qui peut conduire à détériorer le bien-être des pays signataires (Deardorff, 2016).

Il existe néanmoins des voies intermédiaires qui permettent de contourner le mur des négociations multilatérales sans pour autant succomber aux sirènes des accords préférentiels. La voie la plus traditionnelle est celle des accords plurilatéraux, administrés par l'OMC, mais qui n'engagent que les parties signataires. Ce multilatéralisme « dégradé » est aujourd'hui institutionnellement limité aux aéronefs civils et aux marchés publics (certains y ajoutent l'accord sur les technologies de l'information). De fait, un certain nombre de pays discutent de sujets comme les services ou les biens environnementaux qui pourraient aboutir à des accords séparés. L'OMC a d'ailleurs validé cette voie pour un des sujets introduits dans l'agenda de Doha et qui est la facilitation des échanges, seul rescapé des sujets de Singapour, La procédure choisie présente deux petites révolutions doctrinales et institutionnelles. Elle fait d'abord sortir ce thème du cycle de Doha pour le soumettre à la ratification des membres ce qui déroge au principe du « *package deal* » selon lequel on est « d'accord sur tout, ou d'accord sur rien ». Par ailleurs, en conditionnant la mise en œuvre de l'accord à la ratification par deux tiers de membres qui acceptent d'assumer, comportement de « passager clandestin » des pays qui ne l'auront pas ratifié.

D'un point de vue théorique, cette stratégie plurilatérale est sans doute sous-optimale par rapport au multilatéralisme traditionnel. Mais compte tenu de l'impasse dans laquelle s'est engouffré le cycle de Doha, elle apparaît néanmoins comme un « second best » supérieur aux traités préférentiels et bilatéraux.

Références

Ahcar, J., Siroën J.-M. (2014). Deep integration: free trade agreements heterogeneity and its impact on bilateral trade, *Document de travail DIAL*, N°2014-25

Baldwin, R. (1993). A Domino Theory of Regionalism, *NBER Working Papers*, #4465, september.

Baldwin, R., Jaimovich D., (2010). Are Free Trade Agreements Contagious?, CEPR Discussion Paper 7904.

Bhagwati, J.(1992), Regionalism versus Multilateralism, *The World Economy*, 15(5), 535-55.

Bhagwati, J. (1996). Preferential Trade Agreements: The Wrong Road, *Law and Policy in International Business*, 27(4), 865-872.

Deardorff, A. V. (2016). Rue the ROOs: Rules of Origin and the Gains (or Losses) from Trade Agreements. The University of Michigan, February 22.

Horn, H., Mavroidis, P. C. et Sapir, A. (2010), "Beyond the WTO? an anatomy of EU and US preferential trade agreements", *The World Economy*, 33(11), 1565-1588.

Krugman, P.R.(1991). The move toward free trade zones, *Federal Reserve Bank of Kansas City Economic Review*, november/december, 5-25.

Orefice, G., Rocha, N. (2014). Deep integration and production networks: an empirical analysis, *The World Economy*, 37(1), 106-136.

Siroën, J.-M. (2012). Core labour standards and exports, *Document de travail DIAL*, N°2012-18

Siroën, J.-M., D. Andrade (2016). Regional Trade Agreements and Diffusion of International Labour Standards, Asian Law & Economics Association (AsLEA), June 24–25 ; http://aslea.org/program2016/2B_Siroen.pdf

Siroën, J.-M. (2017). Les traités commerciaux favorisent-ils le commerce mondial ?, *The Conversation*, theconversation.com/profiles/jean-marc-siroen-321518/dashboard# ; 15 janvier.

Yücer A., Siroën J.-M. (2016). The Trade Performance of Free Trade Zones, *The World Economy*, forthcoming.

Chapitre 2
L'Afrique entre régionalisme *de jure* des accords commerciaux, multi régionalisation *de facto*, et pluri-partenariat

Philippe Hugon[1]

Introduction

A la conception horizontale de l'intégration régionale entre pays africains, correspondant à une division cardinale du monde Nord/Sud, a fait place dans les années 80 et 90 une conception verticale où les accords de libre- échange Nord/Sud devaient favoriser une intégration à l'économie mondiale (ex des accords de libre-échange avec les pays d'Afrique septentrionale ou les Accords de Partenariat Economique (APE) entre l'UE et les régions regroupant les ACP). Depuis le début du XXIème siècle, le basculement du centre de gravité du monde, la révolution technologique favorisant une production dématérialisée et déterritorialisée ainsi que les enjeux normatifs ont conduit à de nouvelles formes institutionnelles et relationnelles de multi-partenariats (partenariats Sud-Sud ou triangulaires Nord/Sud/Sud), d'interconnexions, d'inter ou de trans-régionalisme. Un monde multipolaire avec diversité des partenaires, notamment Sud/Sud, tend à se substituer à un monde post colonial caractérisé par des relations Nord/Sud (De Block, Regnault 2006). Au niveau mondial, les méga accords commerciaux tendent à répondre à l'échec relatif des accords multilatéraux au sein de l'OMC.

Les formes de l'intégration régionale africaine sont plurielles. Elles vont des coopérations sectorielles – exemple de l'ASECNA (Agence pour la sécurité de la navigation aérienne en Afrique et à Madagascar) ou du CILSS (Comité permanent inter-États de la lutte contre la sécheresse) – jusqu'aux unions politiques avec transferts de souveraineté. Le « régionalisme *de jure* » est porté par des institutions et par des arrangements commerciaux et institutionnels. Il existe ainsi plus de 200 organisations régionales africaines. Les cinq organisations reconnues par l'UA (Union africaine) sont la CEDEAO (Communauté économique des États d'Afrique de l'Ouest), la CEEAC

[1] Professeur émérite Paris Ouest Nanterre, IRIS

(Communauté économique des États d'Afrique centrale), la SADC (Communauté pour le développement de l'Afrique australe), le COMESA (Marché commun d'Afrique orientale et australe) et l'UMA (Union du Maghreb). La « régionalisation *de facto* », se traduit par des pratiques d'acteurs constituant des réseaux commerciaux, financiers, culturels, technologiques dans des espaces régionaux. Elle reste embryonnaire, exception faite du commerce transfrontalier africain, des « pays frontières », de zones en voie d'intégration comme l'Afrique orientale ou du rôle de pôle joué par l'Afrique du Sud).

Après avoir décrit : (I) les mutations de l'économie mondiale et son impact sur l'intégration régionale des pays africains, nous différencierons (II) la régionalisation, le régionalisme et le multi partenariat au sein des pays africains

2.1. Les transformations de l'économie mondiale et son impact sur l'intégration régionale des pays africains

La mondialisation conduit à poser de manière nouvelle la question de l'intégration régionale des pays africains.

2.1.1 Économie mondiale versus économie internationale

Les principales transformations de l'économie mondiale concernent la financiarisation du capitalisme mondial, l'interconnexion des systèmes d'information et de communication, l'ouverture commerciale des économies[1], l'inversion jusqu'à une période récente des termes de l'échange avec baisse des prix des produits manufacturés et hausse des prix des produits primaires. Elles se traduisent par un déplacement de la puissance et de la richesse mondiale vers les territoires et les firmes émergents. Elles concernent également, la mondialisation criminelle ou sa face cachée, en

---

[1]La valeur du commerce mondial s'élevait à 18300 milliards $ en 2014 soit 26% du PIB mondial contre 15% en 1990. Les produits manufacturés comptaient pour 2/3 et les services pour 1/3 de ce commerce. Le commerce Sud/Sud représentait en 2014 près de 25% des exportations mondiales contre 12% en 1995.55 % des exportations mondiales proviennent des pays émergents ou en développement contre 43% en 1995.La part de l'Asie de l'Est dans le commerce mondial est passée de 1,7% à 20% entre 1975 et 2010 alors que celle de l'Afrique du Nord restait autour de 1%. L'essentiel des relations commerciales et productives des pays du Sud de la méditerranée se fait avec l'Europe avec les asymétries en termes de revenu, d'investissement ou commerciales. Le Nord continue de représenter 50% du commerce de la rive sud de la Méditerranée alors que ce sud représente 4% des échanges du Nord.. Plusieurs indices mondiaux montrent, depuis la crise financière de 2007, un infléchissement du commerce extérieur, des flux financiers et des IDE. Le multilatéralisme s'essouffle au sein de l'OMC et le nationalisme protectionniste s'accentue avec montée des replis identitaires. En revanche, l'Afrique était en 2015 moins impactée (Bad 2015). L'unilatéralisme, le mercantilisme en termes de *deals* bilatéraux et le protectionnisme de l'Amérique de Trump ne font que renforcer cette tendance à la remise en cause du multilatéralisme et du régionalisme.

termes de paradis fiscaux, de transferts occultes de capitaux, de financement d'activités illicites ou de trafics divers qui rétroagissent sur l'économie.

Les révolutions technologiques, la dématérialisation et la déterritorialisation de la production, le commerce e-électronique ont modifié la donne. La financiarisation du capitalisme et le rôle croissant des grands groupes transnationaux conduisent à faire des territoires des lieux de valorisation du capital et d'insertion dans des chaînes de valeur mondiale. Il y a interrelation entre la division mondiale des tâches, la mobilité des facteurs et la financiarisation du capitalisme.

Ces mutations ont conduit à de nouveaux paradigmes économiques d'une économie mondiale se substituant à l'économie internationale (Michalet 2004, Hugon, Michalet 2007). Cette économie mondiale lie la mobilité des produits et des facteurs, la division des tâches, des valeurs ajoutées « nationales » et les relations d'amont et d'aval au niveau mondial. Les *avantages compétitifs* combinent des *avantages, territorialisés* (en termes de coûts ou de facteurs, effets géographiques de proximité, d'accès aux ressources...), *transférés par les firmes* (savoir-faire, licence, technologie, marque) et construits par les politiques nationales ou régionales : fiscalité, incitations, accords commerciaux... (Hugon, 1999).

Ces mutations impliquent une nouvelle *métrique* des relations commerciales et productives mondiales non réductible aux exportations et importations par pays ou aux analyses en termes de balances nationales des paiements. Les catégories d'exportation et d'importation ne capturent pas la valeur des importations notamment de biens et de services intermédiaires inclus dans les exportations. On estime que sur 19 000 milliards $ de commerce extérieur la double comptabilisation des produits intermédiaires s'élève à 5 000 milliards[1].

2.1.2. Les liens entre l'intégration mondiale et l'intégration régionale

L'intégration à l'économie mondiale est liée à l'intégration régionale. Ce sont les zones les plus ouvertes à l'économie mondiale qui sont également les plus intégrées régionalement (Union européenne, ALENA, *East African Community).*

[1] Plusieurs indices de participation aux CVM peuvent être calculés : la part de la valeur ajoutée étrangère des exportations (amont) et part de valeur ajoutée locale des exportations indirectes dans les exportations brutes (aval) (Koopman et *al* 2010). L'idéal serait de disposer d'un tableau de Leontief mondial ou de connaître les relations croisées multilatérales et la place des produits et services dans des systèmes productifs complexes et évolutifs.

2.1.2.1. L'Afrique longtemps marginalisée mondialement et peu intégrée régionalement

Le contexte mondial a évolué et a modifié la nature de l'intégration régionale et du régionalisme. La balkanisation de l'Afrique héritée de la colonisation et de l'indépendance a toujours justifié un projet d'intégration régionale. L'Afrique balkanisée en poussières d'États (Boganda) est composée de 54 États, dont la plupart sont de petite taille et un grand nombre est enclavé.

La part de l'Afrique dans le commerce mondial de 224 milliards $ en 1995 atteignait 1300 milliards $ en 2013 (OMC 2014). Le commerce avec les États de l'UE domine ; celui avec la Chine se situait à 210 milliards en 2013 soit 2,5 fois le montant avec les États-Unis

Ce sont les pays les moins diversifiés mono exportateurs d'un produit, qui sont les moins intégrés régionalement. L'intégration régionale est d'autant plus nécessaire que les pays sont enclavés, de faible dimension et qu'ils subissent les coûts de la protection tarifaire et non tarifaire et des "épaisseurs des frontières". Selon le rapport de l'OMC (2014), l'impact des chocs de l'économie mondiale est plutôt accru par l'ouverture commerciale, mais celle-ci accroît les résiliences et réduit les volatilités.

2.1.2.2. Faiblesse des échanges intra régionaux

Les pays africains sont faiblement insérés dans les territoires régionaux et fortement dans des espaces mondiaux. Les exportations intra-africaines de 40,9 milliards $US en 2010 atteignaient 61,4 milliards en 2013. Les biens manufactures représentaient 40% des exportations intra africaines, mais seulement 15% des exportations vers les autres continents. La part des biens intermédiaires, des services et des composants dans le total des échanges entre PED est passé de 6 % en 1988 à 25 % en 2013.

Le commerce intra africain compte pour seulement 12 % du commerce total. Les espaces marginalisés vis-à-vis de l'économie mondiale sont également peu intégrés régionalement et la désintégration nationale limite l'intégration régionale.

Le commerce intra-régional africain est polarisé autour de quelques pays. Hors Afrique du Sud, cinq pays représentent 3/4 des exportations intra-africaines (Côte-d'Ivoire, Nigeria, Kenya, Zimbabwe, Ghana) ; le commerce intra-branche portant sur des produits manufacturés est très faible ; quelques produits primaires jouent un rôle important, le pétrole représente 1/3 des échanges ; le coton, les animaux, le maïs et le cacao comptent pour 18%.

Les grandes régions africaines pèsent très différemment dans le commerce international. L'Afrique australe compte pour 51% (dont 15% de commerce intra régional), la CEDEAO pour 28% (dont 11% de commerce intra régional), le COMESA pour 12% (dont 7% de commerce intra régional), l'UMA pour 6% (dont 2 % de commerce intra régional) et la CEEAC pour 3% (dont 5% de commerce intra régional.

Les unions monétaires sont, dans le cas de la CMA[1] ou de la zone franc (15 pays), au cœur du processus d'intégration régionale. À l'opposé, elles sont absentes des autres zones et ne se réalisent qu'indirectement lorsque les pays membres d'une même zone ont choisi un même ancrage à une monnaie-clé.

Les principaux *facteurs explicatifs* de la faiblesse des échanges intra régionaux renvoient (Hugon 2013) :

- à des *facteurs structurels* liés au niveau de développement (des économies échangent entre elles d'autant plus que leurs structures de production et de consommation sont diversifiées), à la taille et à la proximité géographique (en termes d'infrastructures, de coûts de transport et de transaction), à la proximité socioculturelle et politique (même monnaie, langue, histoire) ;
- à des *facteurs de politique économique* (accords régionaux commerciaux, politique d'ouverture, la faiblesse des barrières douanières ou non)
- à des barrières tarifaires et surtout non tarifaires (« épaisseurs des frontières » en termes de contrôle administratif, corruption).

En revanche, le poids des échanges informels, qui créent des zones de libre-échange de fait, s'explique principalement par :

- les différentiels créés par les frontières en termes de politique économique, de régimes de change ;
- l'existence de réseaux commerciaux et d'appartenance de réseaux sociaux transfrontaliers ;
- des complémentarités économiques et des avantages comparatifs.

Ces échanges *informels* sont toutefois peu intégrateurs dans la mesure où ils portent pour l'essentiel sur des produits importés transformés et renvoient à des marges commerciales davantage qu'à de la création de valeur ajoutée à partir de transformation de produits.

2.1.3. Le rôle des firmes transnationales, l'internationalisation de la production et les chaînes de valeur mondiale(CVM) et régionales(CVR)

Le processus d'intégration à l'économie mondiale et à l'économie régionale passe aujourd'hui largement par les firmes multinationales et par l'insertion dans des chaînes de valeur mondiale et régionale. Les CVM sont le fait d'entreprises qui optimisent leurs stratégies d'approvisionnement en fractionnant leurs strates de production sur plusieurs territoires. Les échanges de valeur ajoutée servent à mesurer ces CVM. (CNUCED 2014,

[1] CMA (*Common monetary area*) : zone monétaire commune regroupant l'Afrique du Sud, le Lesotho, la Namibie et le Swaziland.

Hugon 2015, OCDE 2014). Elles sont caractérisées par quatre principales composantes :

1/Les *firmes multi ou transnationales* contribuent pour environ 80% du commerce mondial. Elles ont des stratégies d'externalisation ou d'internalisation de leurs activités (*composante organisationnelle*) et de localisation ou de délocalisation à l'échelle nationale, régionale ou mondiale de leurs activités (*composante géographique*) en fonction d'une optimisation de leurs résultats -diversification des risques, optimisation fiscale, utilisation des avantages absolus territorialisés, flexibilité, etc.- (*composante stratégique*)[1]. Les IDE *horizontaux* de la part de mêmes filiales sur des marchés différents se différencient des investissements *verticaux* sur des segments complémentaires au sein des chaînes de production.

Les stratégies des *firmes* des pays industriels et, aujourd'hui, de plus en plus des pays émergents, concernent la localisation (nationale ou internationale) et les relations commerciales ou productives (internalisation ou externalisation). Elles dépendent de plusieurs facteurs (Michalet 2004, Hugon & Michalet 2007, Mouhoud 2008).

L'Afrique est ainsi plus ou moins attractive pour les firmes du fait de la comparaison des taux de rentabilité, des optimisations, des perceptions et des diversifications des risques ; ceux-ci peuvent être économiques, financiers ou socio-politiques. L'existence de réseaux historiques, culturels, linguistiques joue également un rôle non négligeable. Les investissements horizontaux dépendent davantage du revenu par tête que les investissements verticaux dominants dans les secteurs mécaniques et électroniques. Les filiales ateliers sont liés aux coûts de production et à l'ouverture commerciale alors que les filiales relais sont intéressées par la dimension et l'extension des marchés domestiques et les degrés et stabilités de la protection. Les firmes primaires sont liées à l'accessibilité aux ressources naturelles du sol ou du sous-sol *on-shore* ou *off-shore.*

2/ Les *territoires* (zones franches, villes portuaires districts industriels, clusters..) et les « pays » construisent des avantages compétitifs, à partir de stratégies d'attractivité des firmes, d'arbitrage entre les acteurs nationaux et internationaux, ou de l'élaboration de normes. Les *territoires nationaux* peuvent être, ainsi, hiérarchisés selon leur place dans les CVM, en amont ou en aval du bien final et selon la part créée de la valeur ajoutée. Aux politiques anciennes de protection des territoires nationaux tendent à se substituer des politiques d'attractivité et d'intégration territoriale des investissements directs étrangers. L'interconnexion croissante vers l'amont ou l'aval des CVM accroît les interdépendances des politiques de compétitivité des pays en limitant l'efficience des politiques nationales

[1]Les flux d'IDE étaient estimés à 1450 milliards$ en 2013. L'Afrique comptait pour 3,9% des entrées d'IDE et 0,9% des sorties. Le stock des IDE des FT s'élevait en 2011 à 22000 milliards $ US soit 31% du PIB mondial contre 10% en 199O (CNUCED 2014).

(OCDE 2014). Il existe une interdépendance, mais également des conflits entre les États et les territoires qui veulent séduire les firmes et ces firmes qui jouent sur la pluralité des territoires. Les territoires sont mis en réseaux par les firmes (filiales), par les diasporas, par les réseaux de télécommunications (satellites, internet, cellulaires). Les facteurs d'attractivité sont structurels (infrastructures, risques, marché) et sociaux politiques (stabilité sociale et politique, visibilité et prévisibilité des politiques).

Les stratégies des États et des territoires pour attirer les investisseurs étrangers dépendent des options politiques plus ou moins nationalistes ou patriotiques, des rapports de force entre les acteurs mondialisés et les acteurs liés aux espaces nationaux et locaux (Ben Hammouda et *al* 2009). Les stratégies d'import substitution de l'Afrique du Sud, de l'Éthiopie, du Maroc ou de la Tunisie s'opposent, ainsi, à celles des pays pétroliers tels l'Algérie, l'Angola ou le Nigeria et en partie de l'Égypte privilégiant les industries lourdes notamment énergétiques ou aux spécialisations dans des zones franches (cas de Maurice). Les questions de confiance sont déterminantes. Cette attractivité est liée à de nombreux facteurs, la stabilité politique, le climat des affaires, les infrastructures des villes et des moyens de transport, la proximité de la zone méditerranéenne et atlantique. Casablanca est la seconde place financière d'Afrique après Johannesburg et avant Le Caire. Tanger est le premier port africain avec 8 millions de conteneurs.

Tableau 2. Relations entre firmes et territoires

	Pays d'origine	Pays d'accueil
Firmes internes	Localisation/internalisation	Délocalisation/internalisation ; filiales
Firmes externes	Localisation/externalisation	Délocalisation/externalisation

3/ -La *fragmentation des processus de production* en segments différencie les biens et services intermédiaires, les biens d'investissement et les biens et services de consommation finale. Cette décomposition des processus a fortement évolué en fonction de leur complexification, de l'importance des services et des biens intermédiaires, des révolutions des coûts de transaction et des nouvelles technologies de l'information et de la communication. Elle conduit à un échange des tâches et non seulement des produits à un rôle déterminant des décompositions des processus de production au sein des groupes transnationaux et des relations entre maison mère, filiales et sous-traitants. .

Les chaînes de valeur sont pilotées par les producteurs (composants, assemblage) et par les acheteurs (chaînes de distribution, marques).

2.2. Régionalisation, régionalisme, chaînes de valeur régionale et multipartenariats

Le processus d'intégration régionale et le multi-partenariat sont en phase avec les mutations de l'économie mondiale, l'insertion dans les chaînes de valeur et les changements de paradigmes qui l'accompagnent. Les processus *d'intégration économique régionale* (IER) se différencient par leurs degrés d'institutionnalisation, par leurs rythmes, par leur approfondissement et/ou par leur élargissement. Ils vont des coopérations sectorielles jusqu'aux unions politiques avec transferts de compétences et de souveraineté (cf. Baldwin Venables 2010, de Block Regnault 2006, Hugon 1999, 2003, 2016, Schiff Winters 1998). Le processus de *régionalisation* peut prendre plusieurs formes. Il peut se caractériser par une intensification des mouvements d'échanges avec la suppression des obstacles internes (*zone de libre-échange*) avec un tarif extérieur commun (*union douanière*) et une mobilité des facteurs (*marché commun)*. La coordination des politiques économiques ou sociales conduit à une *union économique.* D'autres formes existent comme les projets de coopération sectorielle mis en place par des acteurs, les interdépendances entre les économies conduisant à des convergences économiques *(intégration des marchés et coopération institutionnelle),* la mise en place de règles ou de transferts de souveraineté munis de structures institutionnelles *(intégration institutionnelle ou régionalisme fédérateur),* les relations internalisées au sein des réseaux ou des firmes *(intégration productive ou réticulaire*). Les multinationales notamment sud-africaines jouent un rôle croissant d'intégration en nouant des liens transfrontaliers entre les maisons-mères et les filiales dans l'agroalimentaire, les mines, la distribution ou les télécommunications.

Le régionalisme de jure porté par des États et renvoyant au débat avec le multilatéralisme perd de son importance par rapport à la régionalisation de facto des chaînes de valeur régionale et au multi-partenariat constituant des réseaux commerciaux, financiers, culturels, technologiques sur des territoires régionaux de la part d'acteurs publics et privé.

2.2.1. Les accords commerciaux régionaux et le régionalisme de jure

On note un relatif échec de la négociation multilatérale au sein de l'OMC conduisant à des méga accords commerciaux (États-Unis/UE, Amérique/Asie, accords de partenariat économique (APE) entre l'UE et les ACP. Les méga accords commerciaux risquent d'avoir des effets d'érosion des préférences et de concurrence vis–à-vis des pays et des régions exclus de ces accords.

La multiplicité des accords régionaux Nord/Sud ou Sud/Sud peut être analysée au regard des « vieilles » théories du bien-être au niveau national ou des « nouvelles » institutionnelles en termes de transfert de crédibilité.

Selon la « vieille » théorie *du régionalisme ouvert*, l'intégration commerciale, assimilée à la libéralisation des échanges et des facteurs de production, est analysée au regard de l'intégration mondiale « anti monde ». Intégrer, c'est réduire les distorsions des politiques nationales et déplacer les frontières nationales en se rapprochant du marché international. A priori, la libéralisation sur une base mondiale "*erga omnes*" aboutit à un optimum supérieur en termes de bien-être à celui d'une libéralisation sur une base régionale par étapes. Cette question divise toutefois les économistes (Frankel, Wei, 1995). La théorie statique du régionalisme analyse les créations et les détours de trafic conduisant à un optimum de second rang[1]. La théorie dynamique met en relief la concurrence, les économies d'échelle et les changements de termes de l'échange. L'impact du commerce régional sur la vulnérabilité passe par des effets sur la croissance et sur les expositions aux chocs.

Selon les « nouvelles » théories institutionnalistes, le régionalisme par les règles est un facteur favorable à la prise de risque de la part des investisseurs en réduisant les incertitudes. L'instabilité et la pluralité des règles sont un facteur d'incertitude, conduisant à des horizons courts des décideurs aux dépens de la prise de risque de l'investissement productif et d'absence d'État de droit facteur déterminant de la confiance[2]. Les réformes unilatérales manquent de crédibilité du fait des discontinuités temporelles, des risques de réversibilité et des asymétries d'information. Le régionalisme *de jure* peut être un moyen d'unifier les règles et les institutions et de réduire leur hétérogénéité qui permettent aux acteurs de ruser ou de jouer avec. Un droit communautaire élargi sécurise ainsi l'horizon des acteurs et a pour effet de stabiliser l'environnement. Les conséquences attendues des accords d'intégration régionaux - notamment des accords Nord/Sud de type ALENA ou accords de libre-échange entre l'Europe et les pays du Maghreb ou APE concernent l'*ancrage* des politiques réduisant les risques de réversibilité et donc favorisant leur prévisibilité. La crédibilité est liée à la *dilution des préférences* (en isolant les instances de contrôle et de pouvoir judiciaire des lobbies nationaux) et à *la création institutionnelle* (de Melo, Panagaryia

[1] Certains acteurs sont gagnants et d'autres perdants du régionalisme comme de la mondialisation. Mais il existe des possibilités de compensation si le jeu est à somme positive.

[2] Il importe de distinguer les règles, enjeux et ressources conduisant à des arrangements, institutionnels « ensemble de règles et de comportements qui gouvernent les actions et les relations entre agents », et les systèmes institutionnels nés de rapports de pouvoir. Les institutions peuvent se définir en termes d'efficience comme réductrice de coûts de transaction, ou d'incertitude. Elles sont également le fruit de rapports sociaux, de conflits et de compromis.

1993). Les accords sont un signal (au sens de la théorie des jeux) lorsque l'information politique est incomplète.

Ces accords régionaux supposent alors un hégémon, un tiers garant ou un nombre limité de signataires de l'accord. Fernandez, Portes (1998) expliquent pourquoi ce type de bénéfices provenant d'accords d'intégration régionale ne peut être facilement obtenu dans le cadre multilatéral de l'OMC.

L'intégration régionale pour un des ensembles régionaux permettrait de créer des économies d'échelle, favoriserait des complémentarités au sein des chaînes de valeur régionale, assurerait le cumul des règles d'origine et créerait une cohérence entre les accords de libre échange ou d'association bilatéraux Nord/Sud et les accords bilatéraux intra-sud.

2.2.2. Les accords commerciaux Nord/Sud

La mise en place d'accords Nord/Sud s'est substituée à l'échec des relations horizontales entre pays du Sud appartenant à des zones géographiques de proximité et à des niveaux de développement économiques proches. Les pays du Sud de la Méditerranée ont signé des accords de libre-échange (ALE) avec l'Union européenne avec mise en place des accords de Barcelone, de l'Union pour la Méditerranée (UPM). Le Maroc a également signé un ALE avec les USA (2004).

Ces accords Nord/Sud, fondés sur le modèle de l'ALENA, visent à favoriser l'ouverture commerciale, l'insertion compétitive des économies du Sud dans l'économie mondiale. Ils reposent sur les relations contractuelles de partenariat et abordent les questions d'investissement, de services ou de propriété intellectuelle. Ils ont pour objectif : de favoriser un ancrage institutionnel et un transfert de crédibilité, de jouer sur les complémentarités et compenser par des entrées de capitaux les déséquilibres commerciaux attendus de ces accords. Ils n'abordent qu'indirectement les enjeux stratégiques Euro-Med, migratoires, énergétiques, sécuritaires et autres.

L'on observe, ainsi, depuis le tournant du XXIème siècle une multiplicité d'accords commerciaux Nord/Sud et Sud/Sud et des processus de régionalisation portés par les acteurs transnationaux, par les réseaux transfrontaliers qui conduisent à un multi-partenariat et une multi régionalisation. Le Maroc a ainsi signé des ALE avec les Émirats arabes unis (2001), la Tunisie, l'Égypte, la Jordanie *(Accords d'Agadir* en 2004), la Turquie (2004), et a intégré, à la différence de l'Algérie, la Grande zone de libre-échange d'Aman en 2001.

Les ALE répondant au régionalisme de *jure* entre États ont également de nombreuses limites en n'intégrant que très indirectement les principaux acteurs de l'intégration régionale, à savoir les firmes transnationales et les modes d'insertion dans les chaînes de valeurs. Les accords commerciaux constituent une condition nécessaire pour favoriser les échanges commerciaux. Elle est loin d'être suffisante du fait des barrières non tarifaires, des « épaisseurs de frontières », des manques d'infrastructures ou de la faible diversification des exportations et de la production.

2.2.2.1. Les APE et les relations Euro-Afrique

Les accords préférentiels (conventions de Yaoundé, Lomé) ont donné sauf exception (Maurice, Botswana) des résultats limités. Les importations de l'UE en provenance des 79 ACP sont passées de 7 à 3 % en 30 ans. Dans l'ensemble, les APE qui font suite aux accords de Cotonou ont connue de grandes difficultés pour être conclus. Les Pays les moins avancés ont préféré le menu TSA (tout sauf les armes) et seuls les Pays à revenu intermédiaire ont signé des accords (Cameroun, Côte d'Ivoire), mais aux dépens du processus d'intégration régionale. L'UE a subordonné le maintien des préférences à la signature d'APE. Le processus le plus avancé se trouve en Afrique de l'Ouest. Au sein de l'ensemble Afrique de l'Est/Afrique australe, seuls Madagascar, Maurice, les Seychelles et le Zimbabwe ont signé des accords intérimaires. L'Afrique de l'Ouest représente 40 % des échanges ACP/UE. La CEDEAO a avalisé l'accord en 2014 malgré la réticence du Nigéria. Celui-ci mettait en avant les risques de pertes de rentrées douanières, les faibles capacités de production, l'impact des importations sur les économies locales. En réalité, l'impact des APE est d'autant plus faible que les économies ont des partenaires diversifiés et qu'elles peuvent mettre en place des mesures compensatoires. En contrepartie de leurs coûts, les APE offrent des opportunités en termes de transition fiscale, de coordination des politiques commerciales nationales, d'horizon de long terme, de gains de compétitivité liés à la baisse des coûts des intrants et des équipements importés ou de meilleurs accès aux marchés. Il est évident, en revanche, que la position ultra libérale de la DG commerce concernant notamment l'article XXIV du GATT a été à contretemps de la perte de relations entre l'UE et l'Afrique du fait de la diversification des partenaires. Les échanges Euro-Afrique restent asymétriques, tendent à se réduire relativement et ont un impact limité sur la croissance et l'emploi alors que l'intégration régionale au sein des pays méditerranéens reste entravée par des blocages politiques.

2.2.2.2. L'AGOA et les relations Américano-africaines

L'accord entre les États-Unis et l'Afrique concerne les produits pétroliers, l'habillement, les véhicules à moteur, les pièces détachées. Le commerce américano-Afrique a été multiplié par 5 entre 2001 et 2011, mais il a à nouveau chuté en 2014. Il représente 1/3 des relations de l'Afrique avec la Chine. Il y a des risques de rétorsion comme cela s'est produit pour Madagascar entre 2009 et 2014 où la suspension de l'accord a entraîné une forte chute de l'économie et une aggravation du chômage ou le Swaziland en 2014. L'accord de l'AGOA a été prolongé, mais risque d'être remis en question par la nouvelle politique commerciale de Trump.

2.2.3. Les accords de libre-échange intra africains : le cas du traité tripartite *Free Trade Area*

26 des 54 États africains membres du COMESA, de EAC et de la SADC ont signé en juin 2015 à Charm El Cheikh un traité de libre-échange. Cet espace commercial assemble 625 millions d'habitants pour un PIB global de 1200 milliards $US soit le 3ème marché du monde. Il réduit fortement les barrières tarifaires.

En revanche, les échanges commerciaux se heurtent à l' « épaisseur des frontières » (barrières non tarifaires, rentes prélevées au passage des frontières et des *check point*). On estime que les équivalents tarifaires des obstacles non tarifaires s'élèvent à 40 % soit un montant nettement supérieur aux droits de douane. Les obstacles sont également liés à la faiblesse des infrastructures, au fait que les économies nationales ont une faible diversification de leurs exportations et de leurs importations et de leur production et de leur demande.

Le libre-échange peut être une condition nécessaire pour favoriser le commerce intra-régional mais il est loin d'être une condition suffisante. A l'intérieur de ce grand ensemble, la Communauté est africaine (EAC) connaît une dynamique d'intégration depuis 2005 avec forte baisse des droits de douane, triplement des échanges intra-régionaux (le taux de situe à 23 % en 2015). Une union monétaire est prévue. La SADC est caractérisée par une grande souplesse avec le rôle dominant de l'Afrique du Sud. Ses 12 membres ont aboli les droits de douane intra-régionaux et se sont engagés vers une union douanière. Au contraire la COMESA est caractérisée par une très grande hétérogénéité économique, politique et territoriale.

2.2.4. L'intégration par les chaînes de valeur régionales et les biens publics régionaux

L'intégration régionale résulte aujourd'hui principalement de la mise en œuvre de coopération sectorielle, des complémentarités territoriales entre filiales de firmes multinationales, de projets d'envergure régionale (ex des infrastructures, des bassins des fleuves) ou de projets transfrontaliers. La coopération sectorielle s'appuie sur des projets mis en place par des acteurs ayant des intérêts convergents : exploitation de ressources en commun, lutte contre la désertification ou la protection de l'environnement, régulation aérienne (ex. ASECNA), observatoire économique régional, corridors ou triangles de croissance. Les CVM peuvent être analysées au regard des négociations sur les normes, les règles commerciales de l'OMC, les accords préférentiels (ex des accords Euro-med) et les règles d'origine (changements de position tarifaire, régionales, ouvraison spécifique..).

La mise en place de politiques régionales et l'utilisation *des règles d'origine* sont des facteurs déterminants de l'intégration régionale. Le calcul de ces règles sur des bases régionales permettrait leur cumul ; elle conduirait à bénéficier d'avantage des accords préférentiels et de créer une cohérence entre les accords d'association bilatéraux Nord/Sud et des accords intra-Sud et donc de réduire les asymétries Nord/Sud. Face à l'intégration dans des CVM dominées par des acteurs privés, la production de biens publics ou communs régionaux tels que l'eau, l'énergie, les transports, les communications est une réponse au débordement des États dans un contexte de mondialisation.

La conception de l'intégration régionale a été renouvelée dans le cadre des nouvelles théories de l'économie géographique et de la nouvelle économie internationale raisonnant en concurrence imparfaite, en termes de filières ou de chaînes de valeur régionale (CVR) et de territorialité. Les filières territorialisées ou CVR (Hugon, de Bandt 1988, Hugon 1999) permettent de relier les niveaux micro et international, de comprendre la structure et le fonctionnement d'un champ, de repérer l'espace de déploiement des stratégies des acteurs, les lieux de valorisation des activités et d'expression des pouvoirs, les arrangements institutionnels et de lier structures et stratégies dans un territoire régional.

L'intégration régionale crée également des effets de polarisation et d'asymétries territoriales résultant de forces centripètes et centrifuges. Les forces centripètes sont les externalités technologiques et pécuniaires, l'existence d'un marché du travail et les effets de liaison entre acheteurs et vendeurs. Ils conduisent à des processus cumulatifs vertueux au centre, mais qui peuvent être vicieux dans les périphéries prises dans des trappes à pauvreté.

Les territoires se caractérisent par des formes spatiales d'organisation et d'innovation. Les externalités et les milieux ou réseaux innovateurs conduisent à des compétitivités territoriales. Les *triangles ou polygones de croissance* sont des zones de proximité pour la gestion en commun des ressources naturelles, la mise en place d'infrastructures et la complémentarité de facteurs. Ces zones attractives sont à même de générer des effets d'agglomération industrielle ou des effets de grappe et de créer des externalités favorables à la croissance. Les effets de polarisation supposent pour réduire la vulnérabilité des territoires et des populations marginalisés, des transferts (ex des fonds structurels européens), des mécanismes de compensations et des politiques d'aménagement du territoire à l'échelle régionale.

2.2.5. Le pluri partenariat entre les émergents et les pays africains

A côté de relations fortement asymétriques entre l'UE et les pays d'Afrique, on observe un multi-partenariat croissant avec les pays émergents. Les IDE des émergents en Afrique traduisent à la fois des relations verticales ou de complémentaires « Nord/Sud » sur des segments spécifiques, des relations de concurrence « Nord/Nord » avec les pays industriels et les émergents. Ils s'insèrent dans des CVM du fait du rôle d'atelier du monde de la Chine dans des relations subordonnées « Sud/Nord » avec les pays industriels, mais de plus en plus avec investissements croisés de type « Nord/Nord » . Cette implantation des firmes chinoises s'inscrit plus globalement dans une stratégie vis-à-vis du continent africain. La Chine a créé ; depuis 2000, sept grandes zones économiques spéciales en Afrique qui sont des facteurs importants de diversification au Botswana, en Éthiopie, à Maurice, au Nigéria, en Tanzanie en Zambie et une en Algérie et une en Égypte. La Chine a prévu d'exporter 85 millions d'emplois dont une partie importante en Afrique notamment dans les activités de transformation légère.

L'essentiel des IDE chinois demeurent concentrés sur les ressources naturelles. La remontée en gamme de produits par des investissements chinois accompagnant des changements de spécialisation et de combinaison factorielle est peu observable. La place de l'Afrique dans son ensemble reste *subalterne* dans une division du travail où la Chine est l'atelier du monde. La Chine a certes ouvert ses marchés, mais reste protectionniste vis-à-vis des produits africains transformés. Certaines possibilités apparaissent toutefois sur le modèle mauricien dans les zones économiques spéciales. Mais les pays africains sont des *latecoming* dont les créneaux de spécialisation sont largement occupés par les pays émergents.

Les investissements sont principalement primaires et liés à l'accès aux ressources minières et pétrolières, mais ils ont tendance à se diversifier et concernent également des investissements destinés au marché intérieur africain (filiales relais ex dans les matériaux de construction ou les télécommunications) ou au marché international (filiales ateliers dans le textile). Ces investissements favorisent ainsi l'intégration de l'Afrique dans les chaînes de valeur internationales (Cf. Broadman 2007, Henley et *al* 2008). Ils allient une technologie à l'occidentale aux faibles coûts de main-d'œuvre et aux subventions publiques chinoises (dans le secteur des télécommunications, notamment).

Conclusion

En conclusion, la régionalisation africaine par les acteurs, les projets et par les réseaux est plus stratégique que le régionalisme institutionnel. Elle résulte des infrastructures régionales (routes, chemins de fer, télécommunications…) financées par les banques de développement notamment régionales (BAD), des réseaux de commerce et de transport ancrés dans l'histoire, des réseaux migratoires, des associations régionales (d'agriculteurs ou d'entrepreneurs). Le long des frontières (pays frontières selon Konaré) se créent des territoires caractérisés par des activités économiques et sociales denses.

Les processus de régionalisation peuvent viser à la déconnexion vis-à-vis des marchés mondiaux ou au contraire à leur intégration. Ils peuvent être analysés d'un point de vue institutionnel, territorial ou réticulaire. Ils ont des dimensions économiques, politiques, linguistiques et culturelles. Ils permettent non pas d'effacer, mais de dépasser les frontières, de créer des interdépendances transfrontalières et de neutraliser les tensions. Les groupes sociaux notamment ethno régionaux ont des appartenances transfrontalières qui créent des espaces culturels, sociaux, économiques et linguistiques (cf. 1ère partie). Les firmes multinationales créent des réseaux entre filiales favorisant l'intégration de filières régionales ou de chaînes de valeur régionales même si les firmes primaires ont des relations territorialisées dans des espaces nationaux. La régionalisation est appuyée par les bailleurs de fonds, à commencer par l'UE. En revanche, les puissances émergentes, à commencer par la Chine privilégient les relations bilatérales avec les États.

Références

BAD, OCDE PNUD (2014), *Perspectives économiques en Afrique, Les chaînes de valeur internationales,* Paris 2014

BAD, OCDE, PNUD (2015) *Perspectives économiques en Afrique* 2015. *Développement territorial et inclusion spatiale,*

Baldwin R, Venables A (2010) « Spiders and Snokes : Offshoring and agglomeration in the World Economy » NBER, Working Paper Series, N° 16611, Cambridge MLA

Ben Hammouda H., Oulmane N., Sandretto R.,(2009), *Attractivité et conditions de l'émergence en Méditerranée*, Paris, Col AUR

Broadman H (2007), *La route de la soie en Afrique : Nouvel horizon économique pour la Chine et l'Inde,* Washington, rapport Banque mondiale,

CEA, UA (2008), *État de l'intégration régionale en Afrique,* Addis-Abeba

CNUCED(2013), *Les chaînes de valeur mondiales. L'investissement et le commerce au service du développement, Rapport sur l'investissement dans le monde*, New York, Genève,

De Block, Ch, Regnault H (2004), *Nord/Sud : la reconnexion périphérique*, Montréal, Athéna

Frankel, J., Stein, E., Wei, S. (1995), *Trading Blocs : The Natural, The Unnatural and the Super-Natural*, University of California, Berkeley, Processed.

Hugon Ph, Michalet Ch-A (eds) (2007), *Les nouvelles régulations de l'économie mondiale,* Paris, Karthala,

Hugon, Ph. (1999), A New Theoretical Challenge. Regionalism and International Change: The Cases of East Asia and Subsaharan Africa, in Page, S. (ed), *Regions and Development: Politics, Security and Economics*, EADI, Frank Cass, London.

Hugon Ph (1999) ,*La zone franc à l'heure de l'euro,* Paris, Karthala

Hugon Ph (ed) (2003), *Les économies en développement à l'heure de la régionalisation,* Paris Karthala ,

Hugon Ph (2016), *Afriques entre puissance et vulnérabilité*, Paris, A.Colin

Koopam P, Powers W, Wang Z, Wei SD (2010) « Give Credit Where Credit Is Due :Tracing value Added in Global Production Chain » Cambridge MA : *NBER doc* n° 16426

Melo (de), J., Panagariya, A. (eds) (1993), *New Dimensions in Regional Integration*, Cambridge University Press.

Michalet Ch-A (2004), *Qu'est-ce que la mondialisation ?, Paris, La découverte*

Mouhoud E. M. (2008), *Mondialisation et délocalisations des entreprises,.* Paris, Ed. la Découverte, Coll. Repères, 2ème Ed.

OCDE (2014), *Economies interconnectées. Comment tirer parti des chaînes de valeur mondiale* ?, Paris, ed OCDE,

OMC (2014), *Rapport sur le commerce mondial2014*, OMC, Genève

Schiff, M., Winters, L.A. (1998)," Dynamic and Politics in Regional Integration Arrangements: An Introduction", *The World Bank Economic Review*, 12(2):177-95.

Siroën J.-M. (2000)., *Le régionalisme dans la mondialisation*, Paris, Repères.

Chapitre 3
L'efficacité limitée de la surveillance multilatérale dans la Communauté Économique et Monétaire de l'Afrique Centrale

Désiré AVOM*[1]
Amadou BOBBO*
Dieudonné MIGNAMISSI*

Introduction

La crise financière internationale de 2007-2008 qui s'est rapidement muée en une crise économique, puis celle des dettes souveraines en Europe, ont rappelé l'importance et surtout les difficultés de la coordination des politiques économiques. Dans les faits, les bases d'une coordination mondiale sont posées dès 1944, à l'occasion des accords de Bretton Woods, qui seront toutefois affaiblis très tôt par la crise des années 1970, avec la mise en œuvre par les pays industrialisés des politiques économiques autonomes, consacrant dès 1973 le retour aux fluctuations des monnaies. Le processus de mondialisation qui s'est traduite par l'émergence de grandes économies particulièrement dynamiques, a accru le besoin de coordination soit pour anticiper l'occurrence des crises, soit pour y apporter des réponses. Sur le plan théorique, les premières réflexions sur l'importance de la coordination des politiques économiques remontent aux contributions séminales de Meade [1951], approfondies successivement par Cooper [1968, 1969] et Hamada [1974, 1976, 1979]. Ainsi, sans prétendre faire une synthèse de cette riche et abondante littérature, deux principales raisons au moins sont aujourd'hui retenues pour justifier la nécessité de coordonner les politiques économiques. Premièrement, elle viserait à fournir et préserver les biens publics qu'une action décentralisée serait incapable de produire qualitativement et quantitativement. Deuxièmement, elle permettrait d'exploiter les interdépendances entre pays, en prenant en considération les externalités des différents instruments de la politique économique dans le but de maximiser le bien-être collectif (Bénassy-Quéré et *al.* [2012]).

---

[1] * LAREA-FSEG, Faculté de sciences économiques et de gestion (FSEG), Université de Dschang, Cameroun

Malgré l'opposition ancienne entre la coordination par le marché et celle par l'État, il semble à la suite de la crise récente, se dégager un consensus minimum sur la nécessité de coordonner les politiques économiques aussi bien au niveau régional qu'international. Les divergences émergent toutefois quant à la mise en œuvre de cette coordination et portent sur les questions relatives : (*i*) au champ de la coordination, c'est-à-dire les politiques concernées ; (*ii*) au niveau de centralisation et de délégation ; (*iii*) à la méthode de la coordination (Boone [2011]). En ce qui concerne tout d'abord le champ, Cooper [1985] a proposé une typologie allant du simple échange d'information à la délégation totale au niveau communautaire de certaines politiques. Concernant ensuite le niveau de centralisation, Begg et *al.* [2003] opposent l'approche intergouvernementale à la centralisation ou à la délégation à des institutions plus ou moins indépendantes. S'agissant enfin de la méthode, Boone [2011] distingue la coordination « forte » de la coordination « douce ». Alors que la première consiste à fixer des règles dont le respect est vérifié par une institution supranationale, la deuxième en revanche passe par l'élaboration de codes de conduite et de cadres de référence dont l'adhésion est essentiellement consensuelle.

Au sein d'une union monétaire, l'exigence de coordination est encore plus forte pour au moins trois raisons supplémentaires. La première est la limitation des conflits lorsque les décisions sont prises séparément sans aucune concertation (Foresti [2013]). La seconde développée respectivement par Sanchez [2013], Hughes Hallett et *al.* [2014], met l'accent sur la complexité des interactions stratégiques entre les politiques budgétaires et monétaires au sein d'une union monétaire qui expose de façon permanente, les autorités de la politique économique au problème de *free riding*. La troisième est relative à l'affaiblissement de la crédibilité de la Banque Centrale dans son engagement anti-inflationniste, qui résulterait d'une gestion discrétionnaire des politiques budgétaires (Sanchez [2012], Badaru et Levieuge [2013]).

L'expérience de l'Union Européenne considérée comme un *best practice*, et celle de la Zone Franc qui s'en est inspirée illustrent bien les difficultés de la coordination au niveau régional. S'agissant de la Zone Euro, la pérennisation de la crise des dettes souveraines, malgré les multiples plans de sauvetage, révèle les limites d'un défaut de coordination des politiques budgétaires nationales européennes d'une part et, avec la politique monétaire commune telle qu'envisagée dans le cadre du Pacte de stabilité et de croissance, d'autre part. En particulier, elle a montré que les règles budgétaires, sur lesquelles reposent la coordination européenne, n'étaient pas suffisamment contraignantes pour prévenir et/ou contenir les dérapages observés ces dernières années. Bien plus, l'absence ou du moins l'insuffisante coordination des politiques structurelles a favorisé des déséquilibres macroéconomiques et financiers, posant ainsi la question de la viabilité de la Zone Euro, dans un monde où les capitaux circulent librement.

Quant à la Zone Franc, marquée par une incontestable originalité[1], et plus spécifiquement la composante africaine, constituée des pays de la CEMAC et de l'UEMOA principalement, la nécessité de la coordination des politiques économiques s'est imposée au milieu des années 1990 à la suite de deux événements majeurs. D'une part, l'échec des Programmes d'Ajustement Structurel (PAS), préconisés par le Fonds Monétaire International et la Banque Mondiale dans le but d'aider ces pays à sortir de la sévère crise économique des années 1980, a rendu inévitable la dévaluation du Franc CFA en 1994. La réussite de cette opération exigeait un encadrement des politiques budgétaires nationales, dont la gestion indisciplinée avait été considérée comme un élément déclencheur (Devarajan [1997], Stasavage [1996]). D'autre part, on relève les faibles progrès enregistrés en matière d'intégration économique sous-régionale. Ces résultats sont intervenus dans un monde en profonde mutation, contraignant les autorités avec l'appui des partenaires au développement, à repenser le schéma du processus d'intégration régionale donc la matérialisation a été, la création en 1994, de la CEMAC. C'est dans ce contexte qu'un dispositif de coordination des politiques économiques a été conçu et mis en œuvre.

Inspirée du modèle européen, la coordination des politiques économiques dans le cadre de la surveillance multilatérale se distingue toutefois par son objectif. Alors que dans le cas de l'Union Européenne, la coordination a précédé l'adoption de la monnaie unique, dans la CEMAC, elle a été mise en place au sein d'une union monétaire préalablement constituée, et visait l'assainissement des conditions macroéconomiques pour soutenir la stabilité de la monnaie unique et garantir sa viabilité à long terme, dans la perspective du rattachement à l'Euro comme monnaie d'ancrage. La mise en œuvre de la surveillance multilatérale s'est faite en deux phases. La première commence avec la signature du Traité de la CEMAC en 1994, et la création du Conseil de convergence ainsi que la définition des critères que les pays membres sont tenus de respecter[2]. La seconde commence quant à elle en 2001, avec une redéfinition des critères par la Directive du 03 août 2001, et le transfert du suivi de la BEAC à la Commission de la CEMAC. Ces deux phases ont été complétées par la définition en 2005 et 2006, sous l'initiative du Comité de convergence de la Zone Franc, des indicateurs complémentaires de la convergence macroéconomique.

---

1. Les unions monétaires ont été créées il y a cinquante ans et ont précédé l'intégration commerciale, véritablement mise en œuvre au lendemain de la dévaluation par la création des unions économiques. Il convient de signaler que cette antériorité de l'intégration monétaire a facilité le processus d'intégration.
2. En 1994, quatre critères de convergence ont été définis par le Conseil de convergence, à savoir : taux de couverture extérieure de l'émission monétaire de 20 % au minimum, solde budgétaire primaire positif, non-accumulation d'arriérés intérieurs ou extérieurs, croissance de la masse salariale publique égale ou inférieure à la croissance des ressources budgétaires.

L'objectif de ce chapitre est, en s'appuyant sur les leçons que suggèrent la crise grecque et, celles tirées de l'expérience de la CEMAC[1], d'apporter une contribution qui soutient la nécessité et l'urgence de renforcer l'efficacité de la convergence macroéconomique. A cet effet, notre démarche consiste à cerner les performances induites par la mise en œuvre de la convergence macroéconomique sur la croissance économique observée des pays de la CEMAC. À notre connaissance, jusqu'à ce jour, une telle problématique n'a pas encore été étudiée empiriquement dans la CEMAC. La plupart des travaux consacrés à la convergence dans la Zone Franc, se sont limités à une évaluation empirique en mobilisant essentiellement les outils statistiques (Avom [2007]). Les travaux recourant aux techniques économétriques ont quant à eux, procédé à l'estimation de la sigma-convergence portant sur les différentes valeurs ciblées par les critères et indicateurs de convergence des pays de l'UEMOA et de la CEMAC (Ary Tanimoune et Plane [2005], Fouda Owoundi [2009] et N'Kodia [2011]). D'autres études, notamment celle réalisée par Guillaumont Jeanneney et Tapsoba [2011], montrent que les critères de convergence de l'UEMOA créent un biais pro-cyclique plus fort de la dépense publique pendant les récessions que dans les autres pays africains. De même, Ary Tanimoune et *al.* [2008] mettent en évidence l'existence d'un effet de seuil de l'effort budgétaire sur l'output gap conditionnellement au taux d'endettement public des pays de l'UEMOA. Cette dernière étude semble assez proche de la problématique de ce chapitre. Mais, elle s'en écarte toutefois dans la mesure où, elle évalue l'effet global des politiques budgétaires sur le produit intérieur brut, et non pas l'effet des critères de convergence sur la croissance économique. Par ailleurs, elle porte uniquement sur les pays de l'UEMOA dont les caractéristiques économiques se distinguent fortement de celles des pays de la CEMAC.

La structure de cet article, à la suite de cette introduction, se présente comme suit. La première section expose la méthodologie adoptée en apportant les justifications théoriques au choix du modèle et les différentes variables, présente les données, les traitements qui ont été apportés ainsi que les tests réalisés. La deuxième section présente et analyse les résultats des différentes estimations. La troisième section conclut et tire les implications de politiques économiques pour les différents acteurs de la CEMAC.

1. La commission de la CEMAC a organisé à Yaoundé, du 21 au 23 juillet 2015, un séminaire sous régional de Haut niveau dont l'objectif est d'effectuer la synthèse des différents travaux confiés ces deux dernières années au FMI, à la CEA, à la FERDI ainsi qu'aux universitaires pour évaluer et concevoir des réformes du dispositif en vigueur.

3.1. Méthodologie

Elle sera déclinée en deux temps. Premièrement, nous présentons la spécification du modèle et ses fondements théoriques. Deuxièmement, les différentes variables sont justifiées, les données, ainsi que les tests appropriés présentés.

3.1.1. Spécification théorique et dérivation de la forme estimable

Pour évaluer l'impact des critères de convergence sur la croissance économique des pays membres de la CEMAC, nous nous inspirons du modèle de Mankiw et *al.* [1992]. C'est un modèle de croissance endogène augmenté du capital humain inspiré du modèle séminal de Solow [1956]. L'éducation est assimilée à un capital faisant l'objet d'une accumulation comme dans le modèle de Lucas [1988]. La production a trois usages. Elle est considérée comme investissement classique, une dépense en éducation et en consommation. Il existe dans le modèle de Mankiw et *al.* [1992] deux variables intensives : le capital physique par travailleur et, le capital humain par travailleur, induisant une source supplémentaire d'hétérogénéité des taux de croissance. C'est donc une fonction de production avec deux stocks de capital au lieu d'un. Mankiw et *al.* [1992] montrent que leur fonction de production augmentée du capital humain permet également de rendre compte de façon satisfaisante des écarts de revenu par habitant, toujours en contrôlant (en éliminant) l'influence du taux d'épargne et de la croissance démographique. Enfin, les écarts de capital humain, ajoutés aux écarts de capital physique par tête, permettent de rendre compte empiriquement des écarts de revenu par habitant. Dans ce modèle, les rendements marginaux restent décroissants dans chacun des deux stocks de capital (physique et humain), ce qui suffit à conserver les conclusions de Solow sur le rattrapage (conditionnel) des économies.

La forme canonique du modèle de Mankiw et *al.* [1992] est spécifiée de la manière suivante :

$$Y = AK^{\alpha}H^{\beta}L^{1-(\alpha+\beta)}e^{\varepsilon} \qquad (1)$$

Y est le PIB en volume,
K est le capital physique,
H est le capital humain,
L est le travail.
A est le progrès technique, supposé neutre.
ε est une perturbation aléatoire.
La forme log-linéaire du modèle (1) est donnée par :

$$Log(Y) = Log(A) + \alpha Log(K) + \beta Log(H) + \gamma Log(L) + \varepsilon \qquad (2)$$

où $\gamma = 1 - (\alpha + \beta)$

Cette équation sera spécifiée en panel, puisque l'article porte sur un ensemble de pays. À cet effet, en considérant les dimensions temporelle et individuelle, on retient la forme suivante :

$$Log(Y)_{it} = \alpha_0 + \alpha_1 Log(K)_{it} + \alpha_2 Log(H)_{it} + \alpha_3 Log(L)_{it} + \varepsilon_{it} \quad (3)$$

α_0 est le logarithme du progrès technique.

Dans les travaux empiriques, l'équation (3) est rarement estimée sous cette forme. Elle est généralement augmentée des variables de contrôle ou, d'intérêt dans l'optique de capter certains effets spécifiques. Dans le cadre de cet article, le modèle de base est augmenté des variables de convergence, telles que le prévoit le dispositif de surveillance multilatérale de la CEMAC. À cet effet, la démarche adoptée consiste en deux étapes.

Dans un premier temps, nous captons structurellement la convergence en la modélisant comme une variable muette, en tenant compte des deux principales réformes intervenues en 1994 et en 2001. Ces variables sont captées par Dum_{1994} et Dum_{2001} respectivement. Elles prennent la valeur 0 avant 1994 (respectivement 2001), et la valeur 1 après 1994 (respectivement 2001). Cette approche qui capte l'effet global des réformes est spécifiée de la manière suivante :

$$y_{it} = \alpha_0 + \alpha_1 k_{it} + \alpha_2 h_{it} + \alpha_3 l_{it} + \alpha_4 Dum_{1994} + \alpha_5 Dum_{2001} + \varepsilon_{it} \quad (4)$$

Dans un deuxième temps, nous modélisons les efforts de convergence de chaque pays en fonction de chaque critère considéré individuellement. Cette approche, qui s'avère plus fine attribue la valeur 1 au critère si celui-ci est respecté par un pays donné, et 0 sinon. La spécification retenue pour capter ces effets spécifiques liés aux critères est la suivante :

$$y_{it} = \alpha_0 + \alpha_1 k_{it} + \alpha_2 h_{it} + \alpha_3 l_{it} + \alpha_4 C_{1,it} + \alpha_5 C_{2,it} + \alpha_6 C_{3,it} + \alpha_7 C_{4,it} + \varepsilon_{it} \quad (5)$$

Dans l'équation (5), les variables C_j ($j = 1,2,3,4$) sont les 4 critères de convergence adoptés depuis 2001 et consignés dans la Directive d'août de la même année. Il s'agit respectivement des critères de l'inflation, du solde budgétaire de base hors dons, de l'endettement public et des arriérés de paiement. Les données sur les critères de convergence de 1994 n'étant pas disponibles, nous retenons par conséquent la période allant de 2001 à 2013.

3.1.2. Présentation des variables, description des données et tests de diagnostic

Trois groupes de variables sont utilisés dans cet article. Le premier est composé uniquement du taux de croissance économique qui est la variable endogène, noté y. Il est mesuré comme le taux de pourcentage annuel de croissance du PIB au prix du marché. Il peut, selon Romer [2001] être mis en relation avec les autres variables traditionnelles du modèle de croissance. Le deuxième groupe est constitué des variables explicatives traditionnelles du modèle de croissance. Il s'agit : (*i*) du capital physique (k), mesuré par la formation brute du capital. Encore appelée investissement intérieur brut, elle consiste en des dépenses pour des ajouts aux immobilisations corporelles de l'économie, plus les variations nettes des inventaires ; (*ii*) du capital humain (h), mesuré par le taux brut d'inscription scolaire de la population totale. Il correspond au pourcentage de la population totale ayant été inscrite au niveau d'étude – ici le secondaire – au moment où les personnes se sont retrouvées dans le groupe d'âge correspondant au niveau d'étude en question ; (*iii*) du travail (l), mesuré par le taux de croissance de la population. Enfin, le troisième groupe est constitué de la variable d'intérêt, relative à la convergence. Elle est mesurée comme une variable muette. Dans sa construction structurelle (modèle 4), elle prend la valeur 1 avant 1994 (avant 2001) et 0 après 1994 (après 2001). Dans sa considération spécifique aux différents critères (modèle 5), elle est égale à 1 en t si à cette date, le pays j a respecté le critère i donné, et 0 si non.

Les données sont extraites de deux principales bases : le *World Development Indicators* de la Banque Mondiale pour les variables quantitatives, la BEAC et les différents rapports de la Surveillance multilatérale de la CEMAC pour les données sur la convergence. Le tableau 1 synthétise les statistiques descriptives des différentes variables quantitatives (incluant celles du test de robustesse).

La validité d'une étude en panel nécessite généralement la réalisation de certains tests de diagnostic, dans l'optique de garantir la robustesse des résultats. Dans ce papier, nous effectuons particulièrement le test de racine unitaire, le test d'endogénéité et le test de validité des instruments, la méthode des variables instrumentales étant choisie pour l'estimation des modèles. S'agissant de la stationnarité en particulier, plusieurs tests sont utilisés pour les données de panel[1], leur pertinence dépendant de la nature de l'échantillon et/ou des données. Ainsi, en présence d'un échantillon non cylindré, d'un nombre d'années trop grand par rapport au nombre de pays (ce qui est le cas dans cet article où $T = 39$ et $N = 6$), c'est le test de Fisher qui est indiqué (Choi [2001]). Ce test est spécifié suivant plusieurs lois, à

1. Voir par exemple Levin–Lin–Chu [2002], Harris–Tzavalis [1999], Breitung [2000], Breitung et Das [2005], Im–Pesaran–Shin [2003], Fisher (Choi [2001]) et Hadri [2000].

savoir l'inverse du Khi-Deux, l'inverse de la loi de Gauss, le Logit inversé et l'inverse modifiée du Khi-Deux.

Tableau 1. Statistiques descriptives des variables

Variables	**Observations**	**Moyenne**	**Écart-type**	**Minimum**	**Maximum**
Taux de croissance (y)	228	5,2277	14,1074	-36	149,97
Capital physique (k)	215	20,2175	1,4893	16,5924	22,9691
Capital humain (h)	149	42,0020	160,4692	2,38	1976
Travail (l)	234	2,6738	1,1689	-4,65	8,24
Taux d'ouverture (To)	232	100,925	83,9811	20,06	531,74
Lignes téléphoniques ($lnTel$)	234	9,2478	1,4260	6,2146	13,5911
Volume des crédits ($Cred$)	224	11,6718	7,5717	2,0972	38,2327
Profondeur financière (Pf)	224	16,7168	4,9750	5,7354	39,8143
Inflation (Inf)	195	4,7904	8,4271	-17,64	42,4396
Volume des réserves ($lnRes$)	221	18,2689	2,1121	10,6167	22,4533
Croissance de la masse monétaire (CMM)	223	13,1808	21,2225	-51,9852	139,537

En adoptant une spécification avec tendance et dérive (constante), nous obtenons les résultats reportés dans le tableau 2. Ces résultats montrent que toutes les variables sont stationnaires en niveau selon toutes les spécifications.

Par ailleurs, le modèle de croissance, dans sa spécification empirique moderne, pose un problème d'endogénéité lié au fait que la plupart des variables explicatives sont corrélées au terme d'erreur. Dans ce contexte, l'utilisation des moindres carrés ordinaires sur données empilées ou des estimateurs tels que ceux des effets fixes et/ou des effets aléatoires conduisent à des résultats généralement biaisés. Pour corriger efficacement un tel biais, l'on fait généralement recours à l'estimateur GMM en différences premières d'Arellano et Bond [1991], ou GMM en système de Blundell et Bond [1998].

Tableau 2 : Tests de racine unitaire des variables quantitatives

Tests	*y*	*k*	*h*	*l*	*To*	*lnTel*	*Crédit*	*Pf*	*Inf*	*lnRes*	*CMM*
	Statistique (p-value)										
Inverse χ^2	107,3723* (0,0000)	26,5845* (0,0089)	23,5939** (0,0231)	127,3564* (0,0000)	48,4461* (0,0000)	19,1016*** (0,0861)	35,1461* (0,0004)	39,8500* (0,0001)	114,6194* (0,0000)	53,6367* (0,0000)	138,5688* (0,0000)
Inverse normal	-8,3904* (0,0000)	-2,4085* (0,0080)	-1,4885*** (0,0683)	-9,1988* (0,0000)	-5,0469* (0,0000)	-0,8646 (0,1936)	-3,8959* (0,0000)	-4,0120* (0,0000)	-9,2440* (0,0000)	-4,4877* (0,0000)	-10,4259* (0,0000)
Inverse logit	-12,2673 (0,0000)*	-2,5387* (0,0079)	-1,7137** (0,0478)	-14,5331* (0,0000)	-5,4967* (0,0000)	-0,8930 (0,1891)	-3,9218* (0,0002)	-4,3061* (0,0001)	-13,0989* (0,0000)	-5,9090* (0,0000)	-15,8362* (0,0000)
Modified inv. χ^2	19,4678* (0,0000)	2,9770* (0,0015)	2,3666* (0,0090)	23,5470* (0,0000)	7,4395* (0,0000)	1,4496*** (0,0736)	4,7247* (0,0000)	5,6849* (0,0000)	20,9471* (0,0000)	8,4991* (0,0000)	25,8357* (0,0000)

Note : *, ** et *** : significatif à 1%, 5% et 10% respectivement.

Toutefois, ces estimateurs ne sont robustes que lorsque le nombre d'individus ou de pays (N) est supérieur au nombre d'années (T) (Roodman, 2007). L'échantillon étant constitué des 6 pays de la CEMAC et l'étude couvrant la période 1975-2013, il paraît alors évident que l'application d'une telle méthode aboutisse à des résultats peu concluants. Pour contourner cette contrainte, on pourrait également être amené à estimer le modèle sur des sous-périodes très courtes (où $T = 5$ par exemple), notamment avant et après la date de la réforme dans l'optique de capter l'effet structurel. Mais étant en présence d'un échantillon non cylindré, le nombre d'observations requis pour une étude économétrique ne serait pas toujours garanti. Bien plus, l'effet structurel étant capté par une variable *dummy*, la probabilité d'observer une multicolinéarité parfaite entre cette variable et le terme constant tendrait vers 1 ; ceci parce que les pays de l'échantillon, tous membres de la même zone d'intégration, ont la même référence en ce qui concerne la date de prise en compte de l'effet structurel (année de la réforme). Une dernière solution est d'augmenter le nombre de pays et de capter l'effet recherché à l'aide d'une autre variable *dummy*. Mais la construction d'une telle variable est impossible, car l'effet recherché, qui s'apparente à un *break* structurel, ne couvre pas toute la période d'étude.

Pour toutes ces différentes raisons, nous recourons à l'estimateur des variables instrumentales (IV) qui s'apparente à l'estimateur des doubles moindres carrés (2MC). Selon le manuel officiel de Stata 12, ce dernier est efficace lorsque l'on soupçonne un biais d'endogénéité, et lorsque le modèle est non cylindré sous sa spécification en données de panel. Toutefois, des questions relatives à l'identification du modèle, au repérage des variables endogènes, au choix des instruments ainsi qu'à leur validité restent toujours largement discutées.

L'identification des variables endogènes est faite à partir du test de Durbin [1954], Wu [1973] et Hausman [1978][1] et la validité des instruments à partir du test de Sargan [1958][2]. Ainsi, en soupçonnant le capital physique (Romer [1986]) et le capital humain (Lucas [1988]) comme étant des variables endogènes dans la relation de croissance, la statistique de Fisher, issue du test de Durbin-Wu-Hausman est égale à 0,24, avec une *p-value* de 0,7835. Ce résultat conduit au rejet de l'hypothèse d'exogénéité. Ces variables sont ensuite instrumentées par leurs différences premières comme le recommandent la plupart des manuels d'économétrie. Quant au test de Sargan, il renseigne qu'on ne peut pas rejeter la validité des instruments choisis au seuil de 1%[3].

3.2. Résultats

À partir des modèles (4) et (5) spécifiés ci-dessus, nous estimons deux types d'effets : un effet structurel et des effets spécifiques.

3.2.1 Estimation de l'effet structurel

Pour capter l'effet structurel de la surveillance multilatérale dans la CEMAC, nous appliquons l'estimateur IV, sur un panel formé des six pays de la CEMAC couvrant la période 1975-2013. Nous régressons à cet effet, pour le modèle de base, le taux de croissance du PIB ($\boldsymbol{y}$) sur le capital physique ($\boldsymbol{k}$), le capital humain ($\boldsymbol{h}$) et la main-d'œuvre ($\boldsymbol{l}$). Les deux variables d'intérêt sont $\boldsymbol{DUM_{1994}}$ et $\boldsymbol{DUM_{2001}}$, le capital physique et le capital humain ayant été instrumentés par leurs différences premières[4]. Ces variables d'intérêt captent l'effet structurel des réformes budgétaires

1. Le test de Durbin-Wu-Hausman confronte l'hypothèse d'exogénéité contre celle d'endogénéité et se déroule en trois étapes, comme décrites ci-après : (*i*) estimer l'équation d'instrumentation par les MCO et simuler les résidus ; (*ii*) inclure le résidu obtenu comme variable explicative dans l'équation d'intérêt, puis estimer le modèle ; (*iii*) tester la significativité du coefficient associé au résidu. Si le coefficient associé au résidu est statistiquement non nul, alors l'hypothèse d'exogénéité de la variable soupçonnée est relâchée et le recours à la méthode IV est ainsi justifié et permet une estimation convergente, meilleure que celle fournie par les MCO. Dans le cas où l'on compte plusieurs variables explicatives endogènes, il faut tester de manière conjointe – à travers un test de Fisher classique – la significativité des résidus de chaque équation d'instrumentation.
2. Encore appelé test *OverID*, il consiste en trois étapes : (*i*) estimer l'équation d'intérêt par l'estimateur IV et extraire le résidu ; (*ii*) régresser le résidu obtenu à l'étape 1 sur toutes les variables exogènes du modèle (variables explicatives et instruments) ; (*iii*) tester la significativité conjointe des coefficients estimés par un test de Fisher ou du multiplicateur de Lagrange.
3. La statistique du test est de 3,35 et la probabilité de 0,0075.
4. L'instrumentation à l'aide des retards d'ordre 1 aboutit aux mêmes résultats, disponibles à la demande.

intervenues en 1994 et 2001. Les résultats de l'estimation, qui procurent deux principaux enseignements, sont reportés dans le tableau 3.

En premier lieu, les variables traditionnelles donnent des résultats ambigus par rapport aux prédictions théoriques. Si le stock de capital explique positivement le taux de croissance des économies de la CEMAC, notamment dans la spécification IV – FE, le capital humain en revanche a tendance à détériorer le taux de croissance. L'une des explications serait liée à la qualité même de cette variable dans le contexte des pays de l'échantillon considéré. En effet, d'une manière générale, les pays d'Afrique subsaharienne présentent, par rapport à la moyenne mondiale, des structures d'éducation et de formation de qualité médiocre, caractérisées par un faible ratio enseignants/élèves. À titre d'exemple, la Banque Mondiale estime, pour le cas du Cameroun, que 80% d'élèves des classes du cours moyen ne savent ni lire, ni écrire. Ce retard a donc tendance à s'accumuler et à se répercuter sur le niveau général de l'éducation et donc sur la productivité de la main-d'œuvre. Des résultats similaires expliquant le lien négatif entre le capital humain et la croissance ont été obtenus dans la littérature empirique (Lau et *al.* [1991], Pritchett [2000], Islam [1995], etc.). En particulier, estimant les effets de l'éducation par niveau scolaire pour cinq régions, Lau et *al.* [1991] trouvent que le niveau primaire a un effet négatif en Afrique et dans les pays du Moyen-Orient et d'Afrique du Nord, non significatif en Asie du Sud et en Amérique Latine, et positif seulement en Asie de l'Est. Une explication théorique de ce résultat a été proposée par Altinok [2006], Hanushek et Woessmann [2007]. En effet, selon eux, l'idée qu'une année d'éducation dans un pays donné procure un rendement identique dans un autre pays n'est pas toujours vérifiée (cas des pays riches et des pays pauvres). Ainsi, les travaux empiriques qui prennent en compte les indicateurs quantitatifs de l'éducation aboutissent à des résultats biaisés, dans le sens où ils considèrent le capital humain comme un facteur de production homogène. Une autre explication (empirique) est liée à la sophistication des techniques d'estimation, comme cela est le cas dans cet article. Plus surprenant encore, ces techniques démontrent que l'éducation agit négativement sur le revenu agrégé, et parfois de façon très significative (Gurgand [2006]).

La main-d'œuvre se présente comme un moteur de croissance dans la CEMAC. Qualifié ou non, ce facteur, qui est le plus abondant dans cette sous-région, conforte la théorie des dotations factorielles, qui aujourd'hui, s'est imposée comme une explication de la croissance des pays en développement à travers leur spécialisation dans le commerce international.

En second lieu, les règles budgétaires de la surveillance multilatérale, adoptées en 1994 et modifiées en 2001, n'ont pas fondamentalement favorisé la croissance économique dans la sous-région. Si l'effet semble élevé et positif, il est cependant non significatif. L'effet reste le même lorsqu'on considère les réformes de façon isolée (estimation 2, estimation 3, estimation 2' et estimation 3'), ou de façon conjointe (estimation 4 et estimation 4'). Ce résultat confirme celui d'Ary Tanimoune et Plane [2005], qui trouvent dans le cas de l'UEMOA, un effet incertain du Pacte de convergence sur les performances macroéconomiques des pays membres.

Tableau 3. Effet structurel des critères de convergence sur la croissance en zone CEMAC.

	IV – effets fixes				**IV – effets aléatoires**			
	Variable dépendante : ***taux de croissance du PIB (y)***							
	Est. 1 (*z*)	Est. 2 (*z*)	Est. 3 (*z*)	Est. 4 (*z*)	Est. 1' (*z*)	Est. 2' (*z*)	Est. 3' (*z*)	Est. 4' (*z*)
Conse	-77,1895 (-2,22)**	-84,6495 (-3,39)*	-67,8539 (-1,86)***	-80,7012 (-2,01)**	-72,5132 (-2,47)**	-71,3372 (-2,47)**	-51,9823 (-2,03)**	-34,6631 (-1,87)***
k	3,0148 (2,07)**	3,1123 (2,14)**	2,4122 (1,49)	2,9106 (1,67)***	2,8675 (2,27)**	2,6531 (2,10)**	1,7150 (1,38)	0,8819 (0,96)
h	-0,0174 (-0,15)	-0,0871 (-0,65)	-0,0495 (-0,39)	-0,0875 (-0,65)	-0,0103 (-0,10)	-0,0402 (-0,38)	0,0015 (0,02)	0,0409 (0,73)
l	10,6648 (2,31)	9,4633 (2,13)**	8,4315 (1,99)**	9,5233 (2,13)**	7,1575 (2,04)**	8,1564 (2,27)**	7,5888 (2,51)**	6,59257 (2,75)*
		3,1692 (1,13)		2,7300 (0,78)		2,6331 (1,11)		1,1884 (0,41)
DUM_{2001}			2,4113 (0,84)	0,7528 (0,21)			2,9045 (1,19)	2,82304 (0,88)
Observat	112	112	112	112	112	112	112	112
R^2 *win*	0,0535	0,0653	0,0600	0,0657	0,0534	0,0643	0,0570	0,0468
R^2 *bet*	0,4086	0,4369	0,4436	0,4385	0,4106	0,4568	0,4819	0,5292
R^2 *ovel*	0,1106	0,1157	0,1227	0,1172	0,1118	0,1230	0,1354	0,1429
Wald chi2[1] Prob> chi2	5,29 [0,1516]	6,59 [0,1590]	34,11 [0,0000]	34,59 [0,0000]	7,74 [0,0517]	5,48 [0,2416]	6,88 [0,1424]	17,67 [0,0034]
Effets fixes	Oui	Oui	Oui	Oui	–	–	–	–

Notes : *, ** et *** → significatifs à 1%, 5% et 10%.

Source : Auteurs.

Ce résultat sur l'effet structurel peut sembler excessif et contre-intuitif puisque l'on modélise la convergence comme une variable globale qui tient simplement compte d'un changement de situation. Nous avons essayé d'affiner davantage l'étude en mettant en évidence les effets de chaque critère de convergence sur la croissance économique.

3.2.2. Estimation des effets spécifiques des critères de convergence

Afin de capter l'effet spécifique de chaque critère de convergence, nous estimons le modèle (5). Pour cela, nous retenons, en fonction de la disponibilité des données sur les critères de convergence, la période 2001-2013. En procédant à une estimation par la méthode IV spécifiée en effets fixes et en effets aléatoires comme précédemment, nous obtenons les résultats consignés dans le tableau 4. Ces derniers montrent que les variables traditionnelles explicatives du taux de croissance (en dehors du stock de capital) conservent globalement les mêmes signes que précédemment. Toutefois, en considérant individuellement les critères de convergence, on retient quatre enseignements.

Le respect du critère d'inflation a un effet positif, mais non significatif sur la croissance (estimations B et B'). Mais ce respect ne résulte systématiquement pas de la mise en œuvre de politiques spécifiques destinées à contenir les pressions inflationnistes. En effet, l'évolution de l'inflation semble davantage influencée par la transmission des fluctuations des prix internationaux sur les marchés des matières premières et des chocs internes exogènes tels que la sécheresse. Par ailleurs, la Banque Centrale ne dispose pas d'instruments appropriés pour contrôler l'inflation, surtout lorsqu'elle semble provenir des dépenses budgétaires. De plus, le seuil de 3% selon de nombreux auteurs ne correspond pas au taux d'inflation optimal[1] (Sarel [1996], Khan et Senhadji [2001], Combey et Nubukpo [2008], Bikai et Kamgna [2012]). Toutefois, il convient de relever que, la stabilité monétaire et financière, objectif de la Banque Centrale, peut affecter indirectement la croissance économique. Elle permet par exemple aux activités productives de bénéficier de l'environnement stable et porteur de prospérité. Ainsi, dotés de structures et de perspectives financières solides, les opérateurs économiques, qui constituent ainsi de meilleurs risques pour les établissements de crédit, sont mieux outillés pour solliciter l'appui des banques, qui peuvent éventuellement combler leurs besoins de liquidité en recourant aux guichets de la BEAC, dans le cadre de sa politique de refinancement. Il apparaît en conséquence qu'une inflation modérée et faiblement volatile, soit un des déterminants de la croissance économique et du financement des économies.

Le respect du critère du solde budgétaire hors dons à tendance à exercer un effet dépressif sur l'activité des économies de la CEMAC (estimations C et C'). Ce critère contraint les États à une austérité dont l'objectif, à terme,

1. Assurément, un faible taux d'inflation est avantageux pour le financement des économies et pour la croissance puisqu'il réduit le coût des emprunts et augmente la propension à investir. A l'inverse, un taux d'inflation élevé et volatile complexifie singulièrement l'élaboration et la mise en œuvre des plans de développement des opérateurs économiques. Ceci, en rendant incertaines et onéreuses leurs prévisions, notamment de coût et de rendement, avec des conséquences dépressives sur le niveau des investissements et la pérennité des projets.

est de dégager une épargne budgétaire et de s'assurer de la qualité de la dépense publique. Il encourage également les politiques budgétaires pro-cycliques, ce qui accentue la volatilité des cycles (Guillaumont Jeanneney et Tapsoba [2011]). Toutefois, le niveau critique nécessaire pour stimuler significativement la croissance économique n'est pas encore atteint. Dans plusieurs États, cette politique d'austérité se traduit par la baisse des dépenses d'investissement et même de consommation, ce qui conduit à un sous-investissement des infrastructures de base, et donc à une fragilisation de la dynamique de croissance et du système productif (Ary Tanimoune et Plane [2005]).

Le respect du critère de la dette publique est négativement corrélé à la croissance dans la CEMAC (estimations D et D'), privant les différents pays des ressources pour répondre aux énormes besoins d'investissements. En effet, respecter le seuil d'endettement se traduit certes par un service de la dette moins important vis-à-vis des bailleurs de fonds, donnant plus d'opportunités aux États quant aux capacités de financement des activités locales. Mais, il convient toutefois de relever qu'un endettement excessif peut se traduire par un détournement d'activité, sous la forme d'un effet d'éviction traduisant le risque de réaction des anticipations des ménages suite à un déficit non anticipé. Le théorème dit d'« *équivalence ricardienne* », encore appelé théorème « *Ricardo-Barro* », a popularisé les mécanismes psychologiques de réaction des ménages face à un déficit financé par l'endettement. Un argument de poids, en vogue au cours des années récentes est la « *Fiscal Theory of Price Level* » (FTPL), selon laquelle le déficit budgétaire et l'endettement non anticipé qui lui est associé, entraîneraient une hausse du niveau général des prix.

Tableau 4. Effets spécifiques des critères de convergence sur la croissance économique en zone CEMAC.

	IV – FE						IV – RE					
	Variable dépendante : *taux de croissance du PIB (y)*											
	Est. A (z)	Est. B (z)	Est. C (z)	Est. D (z)	Est. E (z)	Est. F (z)	Est. A' (z)	Est. B' (z)	Est. C' (z)	Est. D' (z)	Est. E' (z)	Est. F' (z)
Constante	48,6490	26,2002	48,4415	-14,3751	48,7535	-2,2953	28,4369	31,5910	25,5219	10,6305	16,4767	18,0232
	(0,61)	(1,73)***	(0,59)	(-0,14)	(0,59)	(-0,02)	(0,92)	(0,97)	(0,93)	(0,41)	(0,59)	(0,60)
k	-4,0309	-2,9235	-4,0134	-1,1414	-4,0377	-1,6906	-2,4126	-2,5998	-1,9813	-1,2232	-1,4795	-1,6064
	(-1,18)	(-0,85)	(-1,15)	(-0,24)	(-1,14)	(-0,34)	(-1,50)	(-1,55)	(-1,39)	(-0,89)	(-1,00)	(-1,02)
h	0,2361	0,1513	0,2359	0,1686	0,2354	0,0861	0,0091	0,0095	0,0221	0,0325	-0,0068	0,0400
	(0,91)	(0,58)	(0,89)	(0,62)	(0,87)	(0,29)	(0,08)	(0,08)	(0,22)	(0,35)	(-0,07)	(0,40)
l	13,1219	12,9526	13,1658	16,2140	13,1362	15,2200	10,5242	10,3098	8,7183	10,0964	8,2967	9,6558
	(2,07)**	(2,08)**	(2,03)**	(2,25)**	(1,99)**	(1,96)**	(3,27)*	(3,02)*	(3,19)*	(3,87)*	(2,96)*	(3,32)*
Critère d'inflation		3,57461				3,6046		3,0829				2,1244
		(1,38)				(1,16)		(1,40)				(0,92)
Critère du solde budgétaire de base			-0,4159			-0,6527			-2,8256			-1,0173
			(-0,13)			(-0,18)			(-1,16)			(-0,32)
Critère d'endettement public total				-5,9392		-3,0571				-8,1965		-6,5248
				(-0,91)		(-0,40)				(-2,24)**		(-1,33)
Critère des arriérés de paiement					0,0352	1,5032					-2,5190	-0,1135
					(0,01)	(0,44)					(-1,09)	(-0,04)
Observations	32	32	32	32	32	32	32	32	32	32	32	32
R^2 within	0,3249	0,3788	0,3254	0,3492	0,3249	0,3927	0,3025	0,3674	0,2738	0,3064	0,2553	0,3402
R^2 between	0,0598	0,2056	0,0822	0,4932	0,0601	0,4608	0,5464	0,4317	0,7811	0,9247	0,7455	0,8518
R^2 overall	0,2847	0,3820	0,2965	0,4109	0,2848	0,4225	0,3884	0,4220	0,4182	0,4852	0,4150	0,5039
Wald chi2	0,95	2,89	11,21	49,56	11,18	19,37	13,64	15,93	19,40	25,45	19,16	24,38
Prob> chi2	[0,6228]	[0,4083]	[0,0244]	[0,0000]	[0,0246]	[0,0130]	[0,0034]	[0,0031]	[0,0007]	[0,0000]	[0,0007]	[0,0010]
Effets fixes	Non	Non	Non	Non	Non	Non	–	–	–	–	–	–

Notes : *, ** et *** → significatifs à 1%, 5% et 10%.

Enfin, le critère des arriérés de paiement reste également non significatif (estimations E et E'), mais avec des signes différents selon les spécifications. En effet, les arriérés de paiement sont un signal du manque de crédibilité du Gouvernement à faire face à ces engagements. Or, dans la plupart des pays de la CEMAC, l'économie est structurée autour des marchés publics qui alimentent les petites et moyennes entreprises qui, toute chose étant égale par ailleurs, créent de la valeur ajoutée. Même s'il existe un débat quant à leur comptabilisation, il convient toutefois de relever que leur accumulation obère sur la croissance économique, notamment dans certains pays comme la RCA, le Congo et le Tchad. En captant l'effet des critères dans un modèle unique (estimations F et F'), les résultats n'ont guère été améliorés.

Ces résultats semblent en définitive montrer que la croissance économique, observée d'après les données officielles, manifestement plus forte en CEMAC que dans l'UEMOA et d'autres régions d'Afrique est, au moins pour une large part, imputable aux exportations pétrolières et plus généralement des matières premières qui bénéficient de l'effet prix sur les différents marchés. Mais, au sein de la CEMAC, il existe une forte hétérogénéité naturelle dans la production pétrolière qui semble bien évidemment avoir influencé le processus de convergence macroéconomique.

3.2.3. Robustesse des résultats

Afin de tester la sensibilité des résultats présentés, nous effectuons un test de robustesse. Celui-ci est réalisé à travers l'utilisation d'autres méthodes classiques d'estimation en panel statique (effets fixes – FE et effets aléatoires – RE), dans l'optique de vérifier la stabilité des signes des variables d'intérêt. De plus, des variables de contrôle sont ajoutées dans l'optique de tenir compte des conditions initiales des pays. Il s'agit notamment :

- du taux d'ouverture (*To*), entendu en première approximation comme le rapport du commerce total de marchandises au PIB (il s'agit de l'ouverture naturelle qui se distingue de la politique d'ouverture). Dans la littérature, le lien ouverture/croissance transite par deux principaux canaux : le canal des exportations et celui des importations. En ce qui concerne le premier canal, les exportations sont une source de revenu et donc, qui encourage l'investissement. Quant au second, les importations peuvent notamment booster la croissance à travers le transfert de technologies, favorisé le *learning by doing* (Grossman et Helpman [1992]). L'effet attendu est positif ;
- du nombre de lignes téléphoniques (*Tel*). C'est une variable proxy du capital public ou des infrastructures au sens de Barro et Sala-I-Martin [1990]. L'effet attendu est positif, car le développement infrastructurel facilite l'accès à certains biens publics, qui présentent des rendements d'échelle et favorisent des externalités positives vis-à-vis de l'économie ;

- des crédits à l'économie ($Cred$). L'impact des crédits à l'économie sur la croissance peut être évalué à travers les variations du taux d'intérêt. Une étude menée par Kako Nubukpo [2002] conclut par exemple qu'un choc positif sur les taux directeurs de la BCEAO (politique monétaire restrictive) se traduit par un effet négatif sur la croissance économique. L'effet attendu serait donc positif ;
- de la profondeur financière (Pf). Dans la littérature économique, le lien entre développement financier et croissance économique a conduit à deux principales conclusions. La première met en évidence l'existence d'une corrélation positive (King et Levine [1993]). La deuxième quant à elle établit une évolution croissante (par exemple Ravallion [1995], Dollar et Kraay [2001]). L'effet attendu est positif dans notre contexte, car les systèmes financiers apportent le financement nécessaire à l'accumulation du capital et favoriseraient de ce fait la diffusion des nouvelles technologies. Un système financier bien développé est capable de mobiliser l'épargne et l'orienter vers des investissements rentables et garantissant une forte profitabilité (Bassanini et Scarpetta [2001]) ;
- du taux d'inflation (Inf). La relation entre l'inflation et la croissance est généralement étudiée par l'intermédiaire de l'investissement. À cet effet, la plupart des travaux montrent que l'investissement pâtit d'une forte inflation (voir Edey [1994], Bruno et Easterly [1998], *etc.*). On s'attendrait ainsi à un effet négatif, à raison de l'augmentation attendue des coûts de facteurs ;
- du volume des réserves (Res). De manière générale, les réserves sont positivement liées à la croissance, car leur accumulation déprécie la monnaie locale et relance les exportations (Dooley *et al.* [2003]), leur détention pouvant être considérée comme une forme de subvention (Jeanne [2012]). De plus, les réserves, bien que coûteuses à court terme, génère des gains de productivité selon la thèse du *learnig by exporting* à long terme (Korinek et Deven [2010]). L'effet associé à une telle variable serait positif ;
- du taux de la croissance de la masse monétaire (CMM). Sur le plan théorique et même empirique, la revue de la littérature aboutit à un débat controversé de l'impact de la monnaie sur la croissance, débat ancien qui remonte à l'opposition entre les classiques et les keynésiens. La contre-critique monétariste formulée par Friedman (1968) concluant à un effet que dans le long terme a été remise en cause par l'hypothèse des anticipations rationnelles introduite par les Nouveaux Classiques (pas d'effet même dans le court terme). L'effet attendu serait donc ambigu, à cause de l'incertitude et du manque de lisibilité quant aux choix des instruments et au ciblage des objectifs de politique monétaire dans la CEMAC.

Tableau 5. Robustesse des résultats.

	Effets structurels				Effets spécifiques			
	Variable dépendante : *taux de croissance du PIB (y)*							
	IV-FE (z)	IV-RE (z)	FE (t)	RE (z)	IV-FE (z)	IV-RE (z)	FE (t)	RE (z)
Const	-39,30 (-0,89)	-8,52 (-0,30)	42,51 (1,52)	22,53 (1,01)	-56,95 (-0,18)	74,48 (1,36)	-123,70 (-0,82)	67,08 (1,19)
k	2,51 (1,16)	0,84 (0,47)	-0,51 (-0,32)	-0,47 (-0,33)	-0,68 (-0,05)	-5,59 (-1,20)	3,13 (0,48)	-4,78 (-1,06)
h	0,009 (0,05)	-0,14 (-1,65)***	0,07 (0,48)	-0,13 (-1,93)***	0,54 (0,60)	0,14 (0,81)	0,14 (0,24)	-0,39 (-2,25)**
l	5,71 (1,26)	1,48 (0,61)	-0,11 (-0,03)	0,44 (0,22)	18,20 (1,28)	10,92 (2,54)**	15,12 (1,26)	6,25 (1,35)
To	0,10 (2,70)*	0,06 (2,44)**	0,07 (2,79)**	0,04 (2,18)**	0,07 (0,46)	-0,02 (-0,50)	0,24 (3,32)*	0,17 (3,66)*
Tel	-1,28 (-0,50)	1,09 (0,70)	-1,83 (-0,97)	1,26 (1,04)	-2,97 (-0,40)	-0,47 (-0,29)	0,81 (0,19)	1,58 (0,94)
$Cred$	-0,07 (-0,21)	0,05 (0,17)	0,07 (0,25)	0,26 (1,05)	2,83 (1,57)	1,64 (2,22)**	1,96 (1,17)	1,89 (2,09)**
Pf	-0,75 (-1,24)	-0,44 (-0,79)	-1,07 (-2,16)**	-0,89 -1,94)***	-4,94 (-2,53)**	-1,77 (-2,04)**	-3,72 (-2,14)**	-0,84 (-0,78)
Inf	-0,06 (-0,34)	-0,06 (-0,36)	-0,04 (-0,43)	-0,03 (-0,30)	-0,10 (-0,15)	0,17 (-0,44)	0,16 (0,32)	-0,21 (-0,50)
Res	-0,43 (-0,47)	-0,084 (-0,99)	-0,10 (-0,14)	-0,65 (-0,97)	4,66 (0,92)	1,80 (0,80)	1,21 (0,39)	0,03 (0,02)
CMM	0,18 (2,89)*	0,15 (2,65)*	0,17 (3,50)*	0,17 (3,54)*	0,11 (0,82)	0,02 (0,17)	0,05 (0,38)	-0,07 (-0,60)
DUM_{1994}	-2,62 (-0,59)	-2,95 (-0,75)	-6,06 -1,88)***	-4,28 (-1,39)				
DUM_{2001}	2,36 (0,64)	4,23 (1,32)	6,15 (2,15)**	6,27 (2,37)**				
Inflation					3,04 (0,38)	6,20 (1,61)	2,89 (0,59)	-0,01 (-0,00)
Solde budg					-9,86 (-1,39)	-2,40 (-0,63)	-5,25 (-0,98)	-0,28 (-0,07)
Dette					-8,39 (-0,91)	-2,45 (-0,30)	2,48 (0,29)	0,19 (0,02)
Arriérés de paiement					-0,76 (-0,17)	0,44 (0,12)	-1,71 (-0,35)	4,85 (1,37)
Obsers	99	99	121	121	32	32	42	42
R^2 *within*	0,3000	0,2645	0,2821	0,2506	0,6351	0,5180	0,6684	0,5521
R^2 *between*	0,9507	0,9948	0,8152	0,9972	0,6586	0,9674	0,6668	0,9918
R^2 *overall*	0,3832	0,423	0,3173	0,4195	0,3250	0,6442	0,3798	0,6803
Wald chi2 Prob> chi2	34,34 [0,0006]	62,60 [0,0000]	3,37 [0,0004]	78,04 [0,0000]	57,62 [0,0000]	30,78 [0,0060]	3,17 [0,0077]	57,47 [0,0000]
Effets fixes	Non		Non		Non		Non	
Effets aléatoires				Non				Non
Hausman Prob> chi2			5,29 [0,9477]				7,89 [0,8897]	

Notes : *, ** et *** → significatifs à 1%, 5% et 10%,

Ainsi, en augmentant les modèles (4) et (5) de ces variables, et en les estimant par la méthode IV, puis par d'autres méthodes classiques d'estimation en panel statique, nous obtenons les résultats reportés dans le tableau 5.

La prise en compte des conditions initiales des pays a tendance à améliorer la significativité des réformes structurelles sous les spécifications effets fixes et effets aléatoires en panel statique. Toutefois, sous les spécifications IV augmentées des variables de contrôle (indiquées dans cet article à cause de l'endogénéité), la réforme de 1994 laisse entrevoir un effet négatif, à cause notamment d'un contexte marqué par la dévaluation, la création de la CEMAC et la poursuite des programmes d'ajustements structurels. Ainsi, il n'est pas prudent d'imputer cette performance à la seule réforme. En effet, les facteurs autres que la réforme semblent dominer dans l'explication des faits stylisés puisque la réforme de 2001, non moins importante, est restée sans effets significatifs sur la croissance. Subséquemment, nous pouvons conclure que la mise en place des règles budgétaires dans la CEMAC est une condition certes nécessaire, mais non encore suffisante pour créer un cadre macroéconomique favorable à la croissance dans la sous-région, justifiant ainsi la nécessité des réformes.

3.2.4. Explication des contre-performances du dispositif de la convergence sur la croissance

La convergence des économies n'est possible que si celles-ci tendent à s'homogénéiser progressivement. Or, les économies de la CEMAC sont caractérisées par de profondes hétérogénéités qui réduisent l'efficacité du processus de convergence (voir graphique 1).

Ces hétérogénéités illustrent les difficultés de définir des critères de convergence communs à tous les pays membres de la CEMAC et à s'accorder sur les seuils optima, d'une part, et les difficultés pour des pays subissant des chocs asymétriques récurrents de respecter des critères identiques, d'autre part. Ces hétérogénéités sont multiples et peuvent se résumer selon deux types : les hétérogénéités structurelles et les hétérogénéités macroéconomiques. Parmi les hétérogénéités structurelles, on relève les inégalités de taille de la population, celles liées aux dotations en ressources naturelles en général et pétrolières en particulier, qui sont les principales sources de financement des pouvoirs publics dans cinq des six pays de la zone. En effet, parmi les pays de la CEMAC, seule la Centrafrique ne tire pas les ressources publiques de l'exploitation du pétrole. De plus, au sein des pays pétroliers, la dépendance des ressources budgétaires au pétrole est très inégale. À titre d'illustration, alors que la Guinée Équatoriale tire plus de 90% de ses recettes budgétaires du pétrole, le Cameroun en tire moins de 30% (Guérinau et *al.* [2015]). Globalement, cette dépendance au pétrole ne s'accompagne pas d'une amélioration significative des indicateurs sociaux. Elle semble au contraire renforcer le déficit démocratique. En effet, sur la base de la contribution pionnière de Ross [2001], Aslaksen [2010] et Tsui [2010] montrent que les pays africains producteurs de pétrole sont les moins démocratiques.

Graphique 1. Hétérogénéités dans la CEMAC.

Écart du PIB par tête à la moyenne en USD (1964-2013).

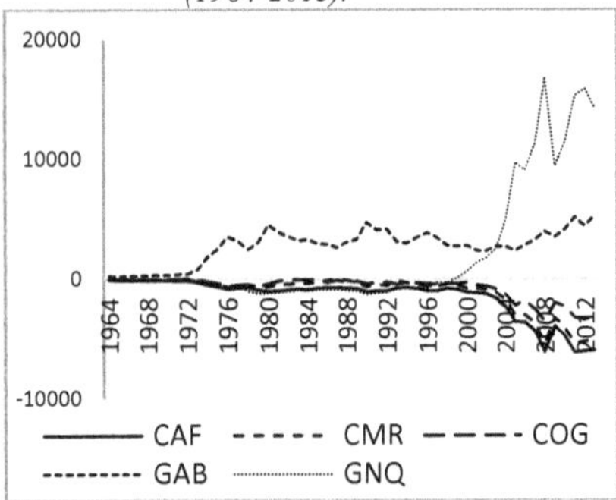

Moyenne de l'écart par rapport à la moyenne du PIB par tête.

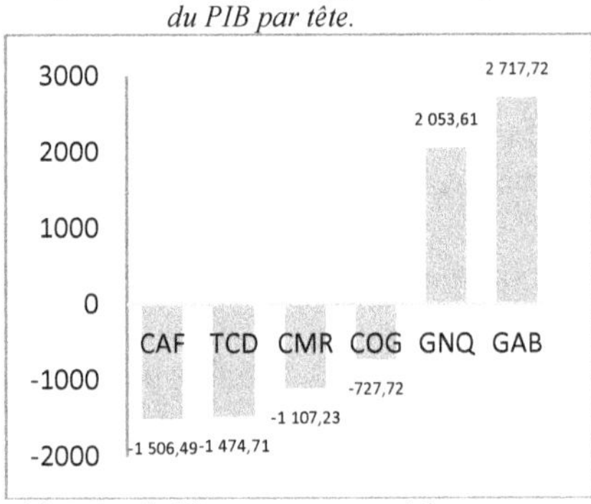

Écart d'inflation à la moyenne en % (1986-2013).

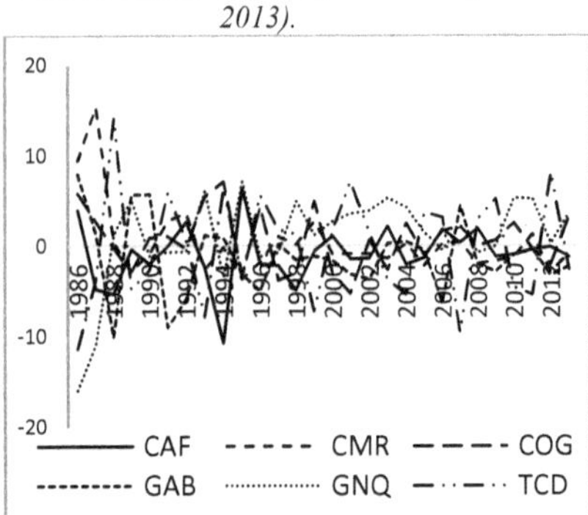

Moyenne de l'écart par rapport à la moyenne du taux d'inflation.

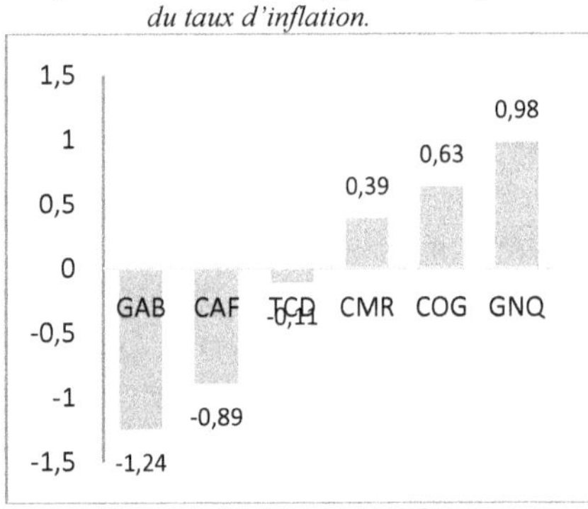

Écart du taux de change effectif réel (2000-2013).

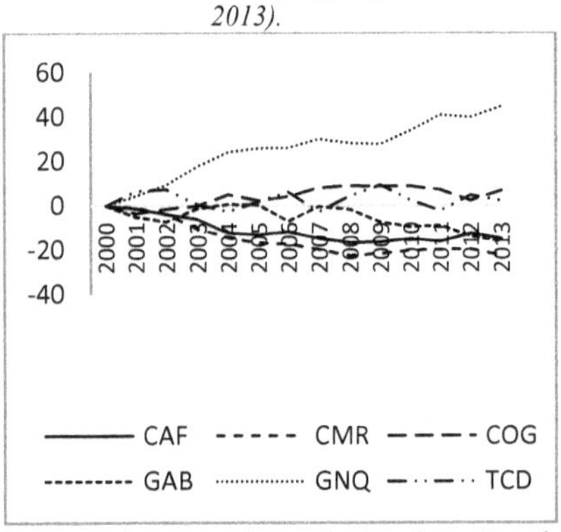

Moyenne de l'écart par rapport à la moyenne du TCER.

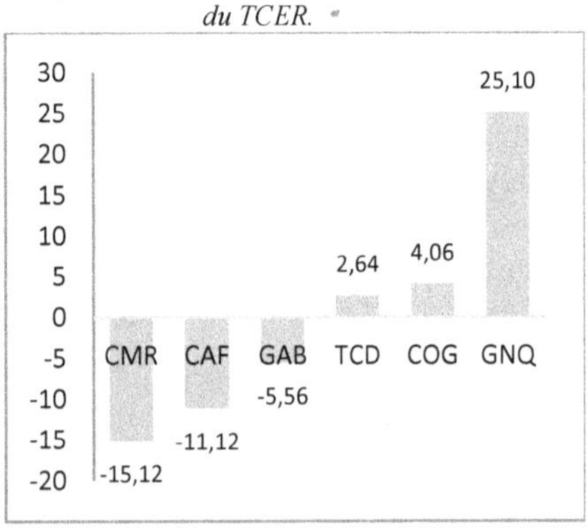

Source : Auteurs, à partir des données de la Banque Mondiale et de la CNUCED.

Plus récemment, Omgba [2015] argue que, parmi les pays producteurs de pétrole, la distance entre la date du début d'exploitation de cette ressource et celle de l'accession du pays à l'indépendance est positivement corrélée au niveau de démocratie qui y prévaut. Il explique ce faible niveau de démocratie par le temps passé sous la domination coloniale qui favorise le développement des institutions extractives et la formation d'une élite qui agit pour empêcher les indispensables réformes politiques même après l'indépendance. À son tour, ce déficit démocratique génère et entretien les défaillances institutionnelles qui affectent la gouvernance nationale et se répercute au niveau communautaire. Cette situation explique du moins partiellement les contre-performances enregistrées en matière de convergence macroéconomique.

Quant aux hétérogénéités macroéconomiques, celles qui peuvent être mises en évidence au sein de la CEMAC sont potentiellement nombreuses. La forme la plus analysée est celle qui est liée au mésalignement du taux de change réel du Franc CFA. Dans cette perspective, Couharde et *al.* [2012] montrent que le processus d'ajustement des taux de change effectifs réels (TCER) dans la zone CFA est bien asymétrique, et que cette asymétrie diffère toutefois fortement selon les pays. Leurs travaux confortent les analyses menées plus tôt par Abdih et Tsangarides [2010] qui trouvent que, suite à un choc, le retour à l'équilibre du taux de change s'effectue deux fois moins vite dans la zone CEMAC que dans la zone UEMOA. Dans le même registre, Gnimassoun [2012] établi que si les fondamentaux des économies de la zone expliquent essentiellement le mésalignement observé du Franc CFA, celui-ci est également sensible aux fluctuations de la monnaie d'ancrage que constitue l'Euro. Les graphiques ci-dessus vont dans le même sens que les résultats de ces différents auteurs et montrent que, dans la CEMAC en particulier, les hétérogénéités macroéconomiques vont au-delà du TCER et concernent également le PIB par tête ainsi que l'inflation.

Conclusion

L'objectif de ce chapitre était d'évaluer la contribution à la croissance économique induite, de la mise en œuvre des règles budgétaires de la surveillance multilatérale. À cet effet, nous utilisons le modèle de croissance endogène développé par Mankiw et *al.* [1992], auquel nous augmentons les différents critères de convergence de la CEMAC. Nous parvenons à deux principaux résultats : (*i*) les règles budgétaires de la surveillance multilatérale, adoptées en 1994 et modifiées en 2001, n'ont pas fondamentalement favorisé la croissance économique dans la sous-région. Si l'effet semble élevé et positif, il reste non significatif ; (*ii*) en captant l'effet des critères considérés individuellement dans un modèle global, les résultats n'ont guère été améliorés.

Nous expliquons les contre-performances du dispositif de convergence sur la croissance par les profondes hétérogénéités structurelles et macroéconomiques des pays membres. Celles-ci illustrent, d'une part, les difficultés de définir des critères de convergence communs à tous les pays, et d'autre part, celles pour des pays subissant des chocs asymétriques récurrents de respecter des critères identiques. Ces résultats plaident pour des réformes dont l'objectif est de renforcer l'efficacité de la convergence macroéconomique au sein de la CEMAC.

Pour cela, la réforme du dispositif de surveillance multilatérale s'impose comme un impératif. Dans cette perspective, les études réalisées par le FMI [2014] et Guérinau et *al.* [2015] constituent des références intéressantes pouvant guider les autorités de la CEMAC vers l'aboutissement rapide d'une telle réforme. Ces études alimentent le débat récurrent sur le choix des critères et des seuils. Par exemple et à titre d'illustration, autant il se dégage un consensus sur le choix du critère d'endettement, autant le seuil à retenir suscite des réticences de la part des Gouvernements. En effet, selon les études réalisées par le FMI, le seuil d'endettement des pays de la CEMAC varierait entre 35% du PIB pour la RCA à 50% pour le Cameroun. Or, à la faveur de l'Initiative Pays Pauvre Très Endettés, la plupart de ces pays ont vu leur taux d'endettement diminué en dessous de 20% du PIB. Alors que le FMI propose de ramener le seuil de 70% actuellement à 50%, les Gouvernements ne sont pas favorables à cette proposition à cause d'immenses besoins en ressources pour financer les grands projets d'infrastructure. Les trajectoires d'endettement observées actuellement inquiètent notamment les bailleurs de fonds internationaux, d'autant plus que la qualité de la dépense n'est pas toujours garantie.

Il convient cependant de préciser que quelles que soient la pertinence et l'optimalité des critères résultant d'une telle réforme, leur efficacité dépendra fondamentalement de la qualité de la gouvernance des institutions en charge de leur mise en œuvre. En conséquence, il est crucial que cette réforme concerne également la gouvernance des institutions de la Communauté. En effet, en dépit de la richesse des institutions communautaires, des progrès institutionnels paraissent nécessaires au renforcement de l'intégration. Dans cette perspective, la Commission de la CEMAC pourrait renforcer son autorité, et par conséquent son efficacité dans la conduite des politiques publiques communautaires en respectant les principes de collégialité et de subsidiarité. Cela est possible à condition de renforcer son autonomie financière en sécurisant ses ressources.

En définitive, malgré les coûts évidents qu'imposent l'aboutissement et la mise en œuvre de cette réforme, ils ne sauraient compenser les effets dévastateurs d'une éventuelle crise qu'induirait le maintien du dispositif actuel. L'expérience douloureuse de vingt ans d'ajustement structurel, et celle récente de la crise européenne pourront-elles être suffisamment dissuasifs pour aplanir les divergences et, faire émerger un consensus politique indispensable pour mener cette réforme à son terme et avec succès ?

Références

Abdih Y. et Tsangarides C. [2010], « FEER for the CFA Franc », *Applied Economics*, 42(16), p. 2009-2029.

Altinok N. [2006], « Capital humain et Croissance : l'apport des enquêtes internationales sur les acquis des élèves », *Publique Économie*, IREDU, p. 177-209.

Arellano M. et Bond S. [1991], « Some Tests of Specification for Panel Data: Monte Carlo Evidence and an Application to Employment Equations », *Review of Economic Studies*, 58, p. 277-297.

Ary Tanimoune N., Combes J. L. et Plane P. [2008], « La politique budgétaire et ses effets de seuil sur l'activité en union économique et monétaire ouest africaine (UEMOA) », *Économie & Prévision*, 186(5), p. 145-162.

Ary Tanimoune N. et Plane P. [2005], « Performance et convergence des politiques économiques en zone franc », *Revue Française d'Économie*, 20(1), p. 235-268.

Aslaksen S. [2010], « Oil and Democracy: More Than a Cross-Country Correlation?», *Journal of Peace Research*, 47(4), p.421-431.

Avom D. [2007], « La coordination des politiques budgétaires dans une union monétaire : l'expérience récente des pays de la CEMAC », *Revue Tiers Monde*, 192, p. 871-893.

Badaru C., Levieuge G. [2013], « Financial Heterogeneity in a Monetary Union », *Journal of Economic Integration*, 28(3), p. 482-506.

Barro R. Sala-I-Martin X. [1990], « Public Finance in Models of Endogenous Growth », NB*ER, Working Paper*, n°3419.

Bassanini A. et Scarpetta S. [2001], « Les moteurs de la croissance dans les pays de l'OCDE : analyse empirique sur des données de panel », *Revue Économique de l'OCDE,* 33, p. 8-58.

Begg I., Hodson D. et Maher I. [2003], « Economic Policy Coordination in the European Union », *National Institute Economic Review*, 183, p. 66-77.

Bénassy-Quéré A., Coeuré B., Jacquet P. et Pisani-Ferry J. [2012], *Politique économique*, De Boeck, Bruxelles.

Bikai J. L. et Kamgna S. V. [2012], « Effets de seuils de l'inflation sur l'activité économique en CEMAC : analyse par un modèle de panel à seuil non dynamique », *Économies et Sociétés*, HS, 45(5), p. 1017-1038.

Blundell R. et Bond S. [1998], « Initial Conditions and Moment Restrictions in Dynamic Panel Data Models », *Journal of Econometrics,* 87, p. 11-143.

Boone L. [2011], « Coordination des politiques économiques en Europe », *Revue d'Économie Financière*, 103(3), p. 257-276.

Bruno M. et Easterly W. [1998], « Inflation Crises and Long-Run Growth », *Journal of Monetary Economics*, 41, p. 3-26.

Choi I. [2001], « Unit Root Tests For Panel Data », *Journal of International Money and Finance,* 20, p. 249-272.
Combey A. et Nubukpo K. [2008], « Les effets non linéaires de l'inflation sur la croissance dans l'Union Économique et Monétaire Ouest Africaine », Document de travail, Centre d'Économie et de Gestion de l'Université de Lomé.
Cooper R. [1968], *The Economics of Interdependence*, New York: McGraw-Hill.
Cooper R. [1969], « Macroeconomic Adjustment in Interdependent Economies », *Quarterly Journal of Economics,* 98, p. 1-24.
Cooper R. [1985], « Economic Interdependence and Coordination of Economic Policies », in *Jones/Kenen Handbook of International Economics Vol. II*, Amsterdam: North-Holland, p. 1195-1235.
Couharde C., Coulibaly I. et Damette O. [2012], « La dynamique d'ajustement des taux de change réels dans la zone franc CFA », *Revue Économique*, 63(3), p. 545-555.
Devarajan S. [1997], « Real Exchange Rate Misalignment in the CFA Zone », *Journal of African Economics*, 6(1), p. 35-53.
Dollar D. et Kraay A. [2001], « Growth is Good for Poor », *The World Bank Policy Research Working Paper* 2587.
Dooley M., Folkerts-Landau D. et Garber P. M. [2003], « An Essay on the Revived Bretton Woods System », *NBER Working Papers* 9971, National Bureau of Economic Research.
Durbin J. [1954], « Errors in Variables », Review *of the International Statistical Institute, 22*, p. 23–32.
Edey M. [1994], « Coûts et avantages du passage d'une faible inflation à la stabilité des prix », *Revue Économique de l'OCDE*, 23, p. 123-146.
FMI (2014), Revisiter le critère d'endettement dans le cadre de la surveillance multilatérale de la CEMAC, Séminaire Yaoundé, Mai.
Foresti P. [2013], « How do Debt Constraints Affect Fiscal and Monetary Policies Interaction in a Strategic Monetary Union?», *Journal of Game Theory*, 2(2), p. 13-17.
Fouda Owoundi J. P. [2009)], « La convergence des politiques économiques dans la Zone franc : où en est-on 15 ans après ? », *L'Actualité Économique*, 85(3), p. 319-354.
Friedman M. [1968], «The Role of Monetary Policy », *The American Economic Review*, 58, p. 1-17.
Grossman G. M. et Helpman E. [1992], *Innovation and Growth : Technological Competition in the Global Economy*, Cambridge, MIT Press, Boston.
Guérinau S., Guillaumont Jeanneney S. et Léon F. [2015], Viabilité budgétaire et renforcement du dispositif de surveillance multilatérale au sein de la CEMAC, FERDI.

Guillaumont Jeanneney S. et Tapsoba S. [2011], « Pro cyclicité de la politique budgétaire et surveillance multilatérale dans l'Union Économique et Monétaire Ouest Africaine », *African Development Review*, 23(2), p. 172-189.

Gurgand M. [2006], *Économie de l'Éducation*, La Découverte, Repères, Paris.

Hamada K. [1974], « Alternative Exchange Rate Systems and the Interdependence of Monetary Policies », in Aliber, R.Z. (ed.), *National Monetary Policies and the International Financial System*, Chicago: University of Chicago Press.

Hamada K. [1976], «A Strategic Analysis of Monetary Interdependence », *Journal of Political Economy,* 84(4), p. 677-701.

Hamada K. [1979], « Macroeconomic Strategy and Coordination under Alternative Exchange Rates », in Dornbusch R., Frenkel J. A. (eds.), *International Economic Policy. Theory and Evidence*, Baltimore and London: The Johns Hopkins University Press, p. 292-324.

Hansen L. P. [1982], « Large Sample Properties of Generalized Method of Moments Estimators », *Econometrica*, 50, p. 1029-1054.

Hanushek E. A. et Woessmann L. [2007], « The Role of Education Quality for Economic Growth », *Policy Research Working Paper Series,* 4122, The World Bank.

Hausman J. [1978], « Specification Tests in Econometrics », *Econometrica* 46, p. 1251-1271.

Hughes Hallett A., Libich J. et Stehlik P. [2014], « Monetary and Fiscal Policy Interaction with Various Degrees of Commitment », *Czech Journal of Economics and Finance*, 64(1), p. 2-29.

Islam N. [1995], « Growth Empirics: A Panel Data Approach », *Quarterly Journal of Economics*, 110(4), p. 1127-70.

Jeanne O. [2012], « Capital Account Policies and the Real Exchange Rate », in *NBER International Seminar on Macroeconomics* 2012, NBER Chapters, National Bureau of Economic Research.

Khan M. et Senhadji A. [2001], « Threshold Effects in the Relationship between Inflation and Growth », International Monetary Fund, Staff Papers, 48(1), p. 1-21.

King G. et Levine R. [1993], « Financial Intermediation and Economic Development », in *Financial Intermediation in the Construction of Europe*, eds. Colin Mayer and Xavier, London, Centre for Economic Policy Research, p. 156-189.

Korinek A. et Deven L. [2010], « Underdevaluation through Foreign Reserve Accumulation: Static Losses, Dynamic Gains », *Policy Research Working Papers Series* 5250, The World Bank.

Lau L. J., Bhalla S. et Louat F. [1991], « Human and Physical Stock in Developing Countries: Construction of Data and Trends », mimeo, World Bank, Washington D.C.

Lucas R. [1988], « On the Mechanism of Economic Development », *Journal of Monetary Economics*, 22, p. 2-42.
Mankiw N. G., Romer D. et Weil D. N. [1992], « A Contribution the Empirics of Economics Growth », *Quarterly Journal of Economics*, 107(2), p. 407-437.
Meade J.E. [1951], « The Theory of International Economic Policy », Vol. 1, The Balance of Payments, London: Oxford University Press.
N'Kodia C. [2011], « Les pactes de convergence en Zone franc : quels critères et quels objectifs en zone CEMAC », *Revue Française d'Économie*, 26, p. 115-148.
Nubukpo K. K. [2002], « L'impact de la variation des taux d'intérêt directeurs de la BCEAO sur l'inflation et la croissance dans l'UMOA », *Document d'Étude et de Recherche n° 526, Banque Centrale des États de l'Afrique de l'Ouest (BCEAO), Direction de la Recherche et de la Statistique*.
Omgba L. D. [2015], « Why Do Some Oil-Producing Countries Succeed in Democracy While Others Fail? », *World Development,* 76, p. 180-189.
Pritchett L. [2000], « The Tyranny of Concepts: CUDIE (Cumulated, Depreciated, Investment Effort) Is Not Capital », *Journal of Economic Growth*, 5, p. 361-384.
Ravallion M. [1995], « Growth and Poverty: Evidence for Developing Countries in the 1980s », *Economic Letters*, 48, p. 411-417.
Romer P. [1986], «Increasing Returns and Long-Run Growth », *Journal of Political Economy*, 94, p. 1002-1037.
Romer D. [2001], « Is Growth Exogenous? Taking Mankiw, Romer, and Weil Seriously », *NBER Macroeconomics Annual*, 16, p. 62-70.
RoodmanD. [2007], « How to Do xtabond2 : An Introduction to "Difference" and "System" GMM in Stata », *Center for Global Development*, Working Paper Number 103.
Ross M. [2001], « Does Oil Hinder Democracy?», *World Politics*, 53, p. 325-361.
Sanchez M. [2012], « Restoring the Conservative Central Banker Proposition under Monetary-Fiscal Interaction », *Economics Letters*, 117(2), p. 448-451.
Sanchez M. [2013], « Monetary-Fiscal Wage Interactions in a Multi-Country Currency Union », *Journal of Economic Integration*, 28(3), p. 507-524.
Sarel M. [1996], « Nonlinear Effects of Inflation on Economic Growth », Technical Report, *IMF Staff Papers*.
Sargan J. D. [1958], « The Estimation of Economic Relationships Using Instrumental Variables », *Econometrica*, 26, p. 393-415.
Solow R. [1956], « A Contribution to the Theory of Economic Growth », *Quarterly Journal of Economics,* 70, p. 65-94.
Stasavage D. [1996], « La Zone franc et l'équilibre budgétaire », *Revue d'Économie du Développement,* 1996/4, p. 145-179.

Tsui K. [2010], « More Oil, Less Democracy? Theory and Evidence from Crude Oil Discoveries », *Economic Journal*, 121, p. 89–115.
Wu D. M. [1973], « Alternative Tests of Independence between Stochastic Regressors and Disturbances », *Econometrica*, 41(4), p. 733-750.

Chapitre 4
Impact des accords de libre-échange sur le potentiel de commerce du Maroc : Approche par un modèle de gravité

Kawtar DKHISSI[1]

Introduction

Le régionalisme est l'un des enjeux majeurs de l'économie internationale contemporaine. La régionalisation des échanges correspond à une politique de « second best », car elle est par définition incompatible avec le principe de la clause de la « nation la plus favorisée » (NPF) préconisée par le GATT et l'OMC. Cependant, l'intégration régionale, à travers la théorie des zones de libre-échange et des unions douanières, a été reconnue comme étant un important vecteur d'expansion du commerce mondial, car, en plus d'être un moyen d'atténuer les effets négatifs d'un multilatéralisme trop asymétrique entre les pays développés et en développement[2] (Baldwin 2016), elle permet l'octroi de préférences tarifaires entre les pays concernés (Préambule du mémorandum d'accord sur l'interprétation de l'article XXIV du GATT). De plus, l'échec du Cycle de négociation de Doha va confirmer le bilatéralisme comme le mode de négociation principal pour libéraliser les échanges. Ce

[1] Je remercie Ahmed Silem, Philippe Hugon et les participants au colloque international de Rabat, "20 ans de l'OMC, intégration de l'Afrique et méga-accords commerciaux régionaux" La Chaire de l'OMC, 29-31 octobre 2015, pour leurs commentaires. Mes remerciements vont particulièrement à Luis Miotti l'initiateur de ce travail et qui n'a cessé de me prodiguer ses précieux conseils. Philippe Barbet et Nicolas Pinsard pour leurs révisions. L'auteur est responsable de toutes les erreurs restantes.

[2] Baldwin (2016) explique que les difficultés actuelles de l'OMC sont dues à l'élargissement de la manière de la mise au point du Cycle d'Uruguay, à la fois en termes de pays et en termes de domaines couverts par l'accord. D'un côté, les questions de propriété intellectuelle, notamment, les restrictions sur les investissements étrangers et les questions de services qui intéressent plus les exportateurs des pays développés. De l'autre, deux secteurs encore marqués par des tarifs élevés, l'agriculture et de l'habillement pour susciter l'intérêt des exportateurs de produits agricoles et les exportateurs à bas salaires. De plus, le Cycle d'Uruguay a fini par inclure une fonctionnalité appelée l'engagement unique (Croome 1995). Puis au Cycle de Doha l'option « *don't obey don't object* » dont bénéficiaient les pays en développement dans le cadre du GATT a été annulé en vertu de l'OMC (Oyejide 2002).

bilatéralisme, défini comme « la forme élémentaire du jeu diplomatique » (Gomart 2002), domine désormais les négociations commerciales internationales. Ainsi, le régionalisme semble être une étape importante vers une libéralisation du commerce mondial.

Or, cette libéralisation partielle est génératrice de distorsions si le détournement du commerce est inférieur à sa création (Viner 1950). L'estimation du coût de désintégration est le premier modèle initié par Viner, mais le plus répandu actuellement, est le modèle de gravité qui permet la mesure des potentiels de commerce[1] à travers l'estimation d'une équation puis de l'utiliser en simulation (Fontagné, Pajot, et Pasteels 2002). La nouvelle théorie du commerce international met l'accent sur les rendements d'échelle croissants, sur la concurrence imparfaite, et sur la géographie (ou les coûts de transports), et présente les outils théoriques qui permettent de formaliser le modèle de gravité. L'ouvrage de référence qui traite ce modèle est celui de Helpman et Krugman (1985). Récemment, Fontagné et *al.* (2002) ont examiné les problèmes liés au choix de l'échantillon entre les pays développés et en développement et attachent une attention particulière au choix de l'échantillon d'estimation. Ils proposent une méthode d'estimation du potentiel de commerce que nous allons utiliser dans la dernière section de ce chapitre.

Ce modèle de gravité a été appliqué dans les pays du Moyen-Orient et Afrique du Nord (MENA). Par exemple, l'étude réalisée sur les échanges entre les pays d'Afrique du Nord montre qu'ils sont nettement au-dessous du niveau mondial en raison de la faiblesse du rythme de diversification, de sa nature (produits à faible valeur ajoutée, produits primaires) et de la place de plus en plus grande des pays émergents (Chine, Inde et Turquie notamment) sur les marchés d'exportation (UNECA 2013; Achy 2007; Ekanayake et Ledgerwood 2009). Les États-Unis souffrent d'un déficit d'intégration commerciale substantielle avec les pays de cette région. Cependant, la mise en œuvre d'un ALE entre les États-Unis et les pays du MENA a permis aux États-Unis d'améliorer progressivement leur position à l'exportation dans ce domaine et aider les pays de la région MENA à diversifier leurs sources d'approvisionnement (Péridy 2005d). Péridy (2005c) a étudié les effets sur le commerce des accords UE-Méditerranée. Il a montré que les accords ont augmenté de façon significative les exportations des pays méditerranéens vers l'UE. De plus, les gains de bien-être de l'intégration des pays de la région MENA avec l'Union européenne sont observés pour être au moins deux fois plus que l'intégration intra-régionale (Dennis 2006). Cependant, ces gains restent faibles à cause du retard dans la mise en œuvre du calendrier de démantèlement tarifaire. Ils notent également l'absence de

[1] Les potentiels d'échanges bilatéraux sont définis comme la fraction du commerce « normal » – déterminé par les conditions macro-économiques des pays considérés – absente des statistiques (Fontagné, Pajot, et Pasteels 2002).

l'accès des produits agricoles aux marchés de l'Union européenne, la persistance des barrières non tarifaires, l'absence d'intégration régionale en termes de services et d'investissement direct étranger (IDE), le rôle des règles d'origine, l'impact de spécialisations inappropriées, etc. (Péridy et Roux 2012). Péridy (2012) utilise de nouvelles variables explicatives : les coûts du commerce, le mouvement des facteurs (de la migration et de l'IDE), ainsi que la gouvernance pour conclure, à un potentiel d'exportation atteint entre les Partenaires de la Méditerranée (PM) et l'Union européenne (UE) et à l'inexistence de spécificité commerciale des PM. Kahouli et Maktouf (2013), ont étudié l'influence de l'UE (15), l'Union économique et monétaire (UEM-zone euro), l'accord de l'UMA (Union Maghreb Arabe) et l'accord d'Agadir. Ils ont montré l'existence d'une forte relation entre les facteurs de ces accords de libre-échange et les flux commerciaux. De son côté, Péridy (2005a) a trouvé, un potentiel d'exportation limité entre la Jordanie, l'Égypte, le Maroc et la Tunisie, signataires de l'accord d'Agadir, en raison de l'absence de complémentarité des échanges entre eux.

Toutes ces études ont permis de déceler le potentiel et les problèmes d'intégration de la région du MENA dont le Maroc fait partie. Notre intérêt porte sur l'étude du potentiel du Maroc, car il a davantage renforcé sa politique de libéralisation par son engagement au respect des principes du multilatéralisme, en intégrant l'Organisation Mondiale du Commerce (OMC) et par la signature de différents accords de libre-échange. Depuis 1996, il a conclu des accords bilatéraux avec des regroupements régionaux tels que l'UE et l'Association européenne de libre-échange (AELE), ou d'autres partenaires commerciaux de sa région, à savoir l'Égypte, la Jordanie, la Tunisie et récemment la Palestine : regroupées sous l'accord d'Agadir, en 2004. Cette même année il a signé un accord de libre-échange avec les États-Unis. Le Maroc est aussi signataire de l'accord relatif au Système global de préférences commerciales (SGPC) entre pays en développement. Un accord-cadre sur le Système des préférences commerciales (SPC) entre pays islamiques est entré en vigueur en 2003. Le Maroc a également mené trois cycles de négociations (octobre 2011, mars 2012 et juin 2012) pour un accord de libre-échange avec le Canada[1] et est engagé dans des discussions avec le Chili pour conclure un ALE.

Ainsi, selon le rapport de l'OMC (2003) « l'appartenance à plusieurs accords commerciaux, différents de par leur portée géographique, leur programme de libéralisation, et leurs dispositions en matière de règles d'origine (entre autres), est non seulement difficile à gérer, mais elle complique davantage le régime commercial du Maroc ». De plus, les ALE signés par le Maroc sont négociés avec des pays du Nord et des pays du Sud.

---

[1] « Négociations en vue d'un accord de libre-échange Canada-Maroc » http://www.international.gc.ca/trade-agreements-accords-commerciaux/agr-acc/morocco-maroc/index.aspx?lang=fra (consulté le 21 sept. 2016).

Ils sont soit bilatéraux (États-Unis, Émirats Arabes Unies, Turquie, Tunisie, Égypte, Jordanie), ou avec un bloc régional (Union européenne, AELE). Malgré la multiplication des ALE, peu d'études ont été réalisées sur leurs impacts économiques.

Cette diversité d'approches régionales, a-t-elle permis une augmentation du potentiel commercial du Maroc ? Dans l'affirmative, le Maroc a-t-il su profiter de ce potentiel ? En ayant recours au modèle calculable de gravité susceptible de mesurer l'impact des accords préférentiels, nous tenterons de répondre à ces questions. Pour ce faire, les fondements théoriques du modèle et la démarche suivie feront l'objet de la section 1, pour déboucher sur les justifications des variables dans la section 2. Enfin, sur la base de l'analyse des flux commerciaux, nous exposerons les éléments du potentiel commercial du Maroc avec ses différents partenaires.

4.1. Le modèle de gravité

Le modèle gravitationnel est inspiré par la loi d'attraction universelle de Newton, selon laquelle « *deux corps sont attirés en raison proportionnelle de leur masse et en raison inverse du carré de la distance qui les sépare* ». Cette loi est matérialisée par l'équation suivante :

$$A_{ij} = \frac{M_i^{ab} M_j^{r}}{D_{ij}^2} \quad (1)$$

où A_{ij} est la force d'attraction;
M_i et M_j, les masses respectives des corps *i* et *j* ;
D_{ij} la distance géographique qui les sépare ;
^{ab} et ^{r} les élasticités partielles.

Les pionniers à avoir appliqué la loi de Newton au commerce international sont Beckerman (1956), Tinbergen (1962) et Pöyhönen (1963). Ils se sont basés sur l'idée selon laquelle le volume des échanges bilatéraux entre deux territoires économiques est fonction de la taille, de la puissance économique des pays, et de la proximité géographique.

La transposition économique du modèle newtonien et généralement appelée modèle standard de gravité s'exprime par la relation suivante :

$$Y_{ij} = \alpha \frac{X_i X_j}{D_{ij}} ; \; i \neq j \text{ et } D_{ij} \neq 0 \quad (2)$$

Avec, α une constante ;
Y_{ij} le volume du commerce entre les pays *i* et *j* ;
X_i et X_j les produits intérieurs bruts (PIB) respectifs des pays *i* et *j* ;
D_{ij} la distance entre les pays i et j.

Nous ferons observer avec Mignamissi (2008) que « la disparition du carré sur la distance est due au fait de l'hypothèse implicite qui est la parfaite proportionnalité, c'est-à-dire que les élasticités doivent être unitaires ». Le modèle de gravité tient compte de la distance qui sépare les deux centres économiques comme fonction décroissante des coûts de transport. Le proxy distance capte implicitement toutes les barrières informelles aux échanges (barrières non tarifaires et artificielles) qui existent entre deux pays et qui ne sont pas mesurables.

Pendant de très nombreuses années, l'équation de gravité fût considérée comme un résultat sans aucun fondement théorique. Mais ce modèle normatif s'est imposé comme un sérieux instrument empirique pour explorer le niveau de potentiel des échanges entre les partenaires.

4.2. Démarche empirique

4.2.1. Les fondements théoriques

Du point de vue de la filiation théorique, Linnemann (1966), puis Leamer et Levinshon (1995) rejettent les explications traditionnelles fondées sur les différences de dotations factorielles. Linnemann (1966) considère que les variables endogènes dépendent de la technologie et se substituent aux facteurs de production, ainsi les échanges sont déterminés par les rendements d'échelle croissants. Il ajoute la variable « population » ou indifféremment le PNB par tête pour capter la taille des économies partenaires et leur niveau de développement, ce qui vaut au modèle l'appellation « modèle de gravité augmentée ».

Grâce à une approche par le modèle d'équilibre général, Anderson (1979) se fonde sur deux hypothèses fondamentales, celle de la théorie de Hecksher-Ohlin et les préférences des consommateurs de type Cobb-Douglas et permet au modèle de gravité de ne plus se limiter au commerce intra-branche. Il arrive à la conclusion selon laquelle le volume du commerce dépend du produit des tailles des économies. Cette approche inclut aussi la taille des populations comme variable exogène.

Helpman et Krugman (1985) proposent une formalisation Ohlin[1] et avec la théorie des coûts comparés. Ce modèle a permis non seulement de réconcilier sa portée au commerce intra-branche et intersectorielle, mais aussi de comprendre pourquoi les échanges dépendent de la taille des économies, en plus des dotations factorielles. La critique adressée à cette dérivation est le manque des variables de population, qu'on ne fait réapparaître qu'en l'interprétant comme une mesure des dotations

[1] Présentée par Helpman en 1981,cf Helpman E. (1981), international trade in the presence of product differentiation, economies of scale and monopolistic competition A Chamberlin-Heckscher-Ohlin approach *Journal of International Economics,* 305 -340.

factorielles. À partir de cette théorie et du modèle de compétition monopolistique, Helpman (1987) confirme que le commerce augmente avec la taille des économies et introduit le PNB par tête comme mesure des dotations factorielles.

Un autre aspect de l'équation de gravité est la mesure des barrières à l'échange[1] et des coûts de transport exprimant la variable « distance ». Le pouvoir explicite de cette variable et sa dimension géographique sont mentionnés par Leamer et Levinsohn (1995) et Hummels et Levinsohn (1993). Ils considèrent que la faiblesse des résultats du modèle de Helpman (1987) est due au manque de cette variable. En plus des coûts de transport, Bergstrand (1989) propose une synthèse de toutes les variables, en tenant compte des hypothèses des différences des coûts salariaux, des différences de dotations factorielles, et des rendements d'échelle croissants dans une équation de gravité généralisée estimée à un niveau désagrégé.

Les nouveaux développements du modèle de gravité mesurent l'impact de « l'effet frontière » dans le volume des échanges entre les provinces frontalières aux États-Unis et au Canada et s'intéressent aux conséquences liées à la taille des pays comme variables de contrôles parce qu'ils sont utiles dans l'interprétation (Anderson et Wincoop 2003; McCallum 1995).

Plusieurs critiques ont été formulées sur la capacité de l'équation de gravité à être dérivée de théories commerciales standard et des nouvelles théories du commerce international et à caractériser de nombreux modèles. Deardorff (1998) considère que les estimations empiriques ne peuvent pas être considérées comme des tests validant telles hypothèses ou telle théorie spécifique. Les critiques de Hummels et Levinsohn (1993 ; 1995) suggèrent que les échantillons soient suffisamment homogènes pour ne pas compromettre la signification des coefficients. Fontagné et *al* (2002) résolvent ce problème et proposent une estimation sur un échantillon comprenant à la fois des pays en développement et des pays industrialisés en utilisant le taux de change à PPA pour évaluer les PNB des pays en développement et le PNB par tête pour remplacer les populations dans l'équation. Ils concluent sur l'interprétation des résidus à prendre avec prudence et de les corriger si nécessaire.

En somme, le modèle possède des fondements solides et donne de meilleurs résultats grâce à l'introduction de la distance Leamer et Levinshon (1995). Ainsi l'utilisation des modèles de gravité est possible. Il reste seulement à prendre en compte la valeur estimée des paramètres et des élasticités utilisées en simulation. Le modèle est généralement exprimé économétriquement sous la composante déterministe en log-linéaire de l'équation de gravité compatible avec l'approche Chamberlin-Heckscher-Ohlin suivante :

[1] Les obstacles artificiels qui sont de nature politique et désignent : les tarifs, quotas, contrôle des changes mis en place par les gouvernements

$$\ln X_{ij} = \alpha_0 + \alpha_1 \ln Y_i + \alpha_2 \ln Y_j + \alpha_3 \ln N_i + \alpha_4 \ln N_j + \alpha_5 \ln D_{ij} + U_{ij}; \qquad (3)$$

Avec :

X_{ijt} le volume des exportations du pays *i* vers le pays *j*.

N_i et N_j les populations respectives des pays *i* et *j*;

α_0 la constante ;

α_1 ; α_2 ; α_3; α_4; α_5; les coefficients associés aux variables Y_i, Y_j, N_i, N_j et D_{ij}.

U_{ij} étant le terme d'erreur.

4.2.2. Présentation du modèle

Le modèle de gravité utilisé mesure le volume du commerce bilatéral entre deux pays *i* et *j*, par les exportations X_{ij}. Comme dans la conception traditionnelle du modèle de gravité, il sera expliqué par la taille des économies prises en compte à travers le produit intérieur brut réel, Y_{jt} (en dollars courants) du pays *j* en niveau, et la distance entre les pays *i* et *j*. La distance prise est la distance géodésique entre capitales, on retiendra le logarithme de la distance D_{ij} . Nous utilisons la distance géographique comme proxy du coût de transport. Nous ajoutons aussi, des variables muettes pouvant aider ou restreindre les échanges à savoir les accords bilatéraux entre *i* et *j* et les liens coloniaux afin de capturer l'effet des politiques commerciales et de l'histoire commune.

L'estimation proposée, utilise la spécification suivante :

$$\ln X_{ijt} = \alpha_0 + \alpha_1 \ln Y_{jt} + \alpha_2 \ln D_{ij} + \sum \alpha_z Z_{ij} + U_{ij}; \qquad (4)$$

Avec :

$\ln X_{ijt}$: Le logarithme du volume des exportations du pays *i* vers le pays *j* en millions de dollars, l'année *t*;

α_0 : La constante ; α_1 et α_2 les coefficients associés aux variables explicatives *i* et *j* représentent respectivement les pays exportateurs et importateurs ;

$\ln Y_{jt}$: le logarithme du PIB du pays *j* en millions de dollars ;

$\ln D_{ij}$: le logarithme de la distance géodésique entre le pays *i* et le pays *j*.

Z_{ij} variables muettes ;

U_{ij} le terme d'erreur, suivant une loi log-normale.

Dans la littérature empirique, le modèle ne se limite pas à estimer ces variables. D'autres variables muettes sont introduites pour capter les effets spécifiques des politiques économiques. Les variables muettes, ou *dummies* qu'on teste sont : la frontière commune, la langue commune « français », « arabe » ou les deux, l'histoire commune à travers le lien colonial et les accords préférentiels pour capter l'influence de ces facteurs sur les flux de commerce observés. Dans notre modèle, la langue commune et la frontière, ne sont pas significatives c'est pourquoi nous les avons retirées des spécifications. Par contre, les liens coloniaux sont représentés par la « France » et l'« Espagne » qui ont placé le Maroc sous protectorat pendant la période de 1912 à 1956.

Afin de mesurer la création de courants additionnels des échanges, nous avons étudié les effets du Système Généralisé de Préférence « SGP », mis en place en 1968, dans le cadre de la Conférence des Nations Unies sur le Commerce et le Développement (CNUCED). Cette politique commerciale constitue une facilité octroyée aux pays en développement par certains pays industrialisés. Vu que les pays de l'Union européenne adoptent en totalité le « SGP », l'analyse de la variable, qui comprend les pays de l'UE, était corrélée avec la variable « SGP ». Ainsi, nous avons créé la variable « SGP22UE », regroupant 36 pays, dont 27 pays de l'Union européenne. Cette variable nous permet de mesurer l'accord d'association du Maroc avec l'Union européenne, ainsi que ses échanges avec les pays développés.

« UMA89 » est une variable destinée à capter l'intégration régionale au sein de l'Union du Maghreb Arabe, et « CCT » analyse la Convention Commerciale et Tarifaire. Vu que trois pays, dont l'Algérie, la Libye et la Mauritanie, sont signataires de l'UMA et de la CCT et que nous avons rencontré plusieurs problèmes de colinéarité, nous avons analysé les variables « UMA89 » et « CCT » dans la même variable « UMA_CCT ».

Les accords préférentiels significatifs traités sont : l'accord avec la Jordanie, « Jordanie99 », entré en vigueur en 1999, l'Égypte, « Égypte99 », entré en vigueur en 1999, la Turquie, « Turquie06 », entré en vigueur en 2006, les Émirats arabes unis, « EAU03 », entré en vigueur en 2003, les États-Unis, « USA03 », entré en vigueur en 2003. Enfin, nous avons intégré la Nouvelle-Zélande, car l'analyse a montré des résultats très significatifs avec ce pays et elle permet d'améliorer le modèle.

Un autre instrument majeur pour la promotion du commerce entre les pays en développement est le SGPC. L'objectif de la variable « SGPC40 », est de capter la coopération commerciale sud-sud entre le Maroc et 40 pays en développement.

Concernant l'impact de la clause de la Nation la plus favorisée, « NPF », instaurée par l'OMC, nous avons retenu 37 pays signataires de l'accord dans la variable « NPF ». Le potentiel des échanges dû à l'accord commercial et d'investissement avec l'Union économique et monétaire ouest-africaine (UMEOA), en cours de ratification, est mesuré par la variable « UMEOA ».

Nous avons intégré les mêmes variables pour comparer les deux années 1998 et 2013.

L'équation 5 comporte l'ensemble des variables analysées en tant que *dummies* spécifiques :

$lnX_{ijt} = \alpha_0 + \alpha_1 \ lnY_{jt} + \alpha_2 \ lnD_{ij} + \alpha_3 \ Colonial_{jt} + \alpha_4 \ France_j + \alpha_5 Espagne_j + \alpha_6 Nouvelle\text{-}Zelande_j + \alpha_7 Jordanie99_j + \alpha_8 Egypte_j + \alpha_9 Turquie_j + \alpha_{10} EAU03_j + \alpha_{11} USA06_j + \alpha_{12} UMA\_CCT_j + \alpha_{13} UMEOA_j + \alpha_{14} SGP27UE_j + \alpha_{15} NPF_j + \alpha_{16} SGPC40_j + U_{ijt}$; (5)

Avec : U_{ijt} : Les résidus.

4.2.3. Échantillonnage et source des données

Le choix de l'échantillon porte sur des critères de données disponibles et fiables. Les statistiques du commerce extérieur sont extraites de COMSTRADE[1] des Nations unies. Nous avons utilisé le total des exportations du Maroc selon la classification CTCI, Révision3[2]. L'échantillon de référence est de 171 pays de l'OCDE et pays en développement.

Nous avons regroupé les exportations de la Belgique et du Luxembourg pour créer un seul pays que nous avons dénommé « Benelux », car les exportations de ces deux pays sont rassemblées jusqu'en 1999.

La base de données GeoDist du CEPII (Mayer et Zignago 2011) fournit un ensemble de variables de distance et factices communes pour identifier les liens particuliers entre les pays, tels que le passé colonial, les langues communes[3].

Concernant les informations sur les pays partenaires aux accords de libre-échange, les regroupements régionaux et les organisations économiques, nous les avons tirés des sites de l'OMC et du ministère du commerce extérieur[4].

L'estimation est en coupe pour les années 1998 et 2013, afin de limiter les fluctuations annuelles et comparer les résultats des exportations avant la signature des accords préférentiels et après ces accords.

4.3. Estimation du modèle et analyse des résultats

4.3.1. Signes anticipés des variables

En suivant la littérature étudiée, les signes prévisionnels des variables montrent l'effet sur l'orientation du commerce, et les coefficients permettent

[1] Disponible en ligne «http://comtrade.un.org/», dans la limite de 1000 lignes, au-delà l'accès est payant.
[2] CTCI : classification type pour le commerce international, Révision 3, établie en 1981 par le Secrétariat de l'ONU en partant du principe de la nécessité de son harmonisation avec la nomenclature du Conseil de coopération douanière révisée (NCCD), avec la Classification internationale type, par industrie, de toutes les branches d'activité économique (CITI) et avec une classification des produits centrale (CPC).
[3] Disponibles sur le site du CEPII : «http://www.cepii.fr/CEPII/en/bdd_modele/presentation.asp?id=6».
[4] http://www.mce.gov.ma/ Rubrique : Les accords commerciaux.

de mesurer les proportions dans lesquelles les flux vont évoluer. Nous pouvons interpréter ces coefficients comme des élasticités grâce au logarithme népérien appliqué sur les variables.

Nous mesurons la demande du pays importateur à travers le PIB, tant qu'il est plus élevé tant que la quantité du bien à exporter et la capacité d'absorption des quantités importées augmentent. Ainsi, il indique un pouvoir d'achat plus élevé et implique un effet positif sur notre variable à expliquer (les exportations). Donc le signe attendu du PIB est positif.

La taille des pays, mesurée par la population, influence le niveau des échanges. Par ailleurs, le rapport est négatif, si la taille du pays augmente, ses exportations diminuent. L'effet d'absorption conduit à une réduction des exportations des pays dès lors qu'ils sont de grande taille (Linnemann 1966). Cependant, on peut avoir un effet d'économies d'échelle où un grand pays exporte plus qu'un petit pays (Brada et Mendez 1983). Ainsi, le signe ne peut pas être anticipé pour cette variable, il peut être négatif ou positif pour ces raisons. Toutefois, la variable n'étant pas significative dans notre analyse, nous ne l'avons pas intégrée.

La variable distance mesure le coût des échanges. L'éloignement entre le pays exportateur et importateur pourrait conduire à une augmentation des frais de transport et des coûts de transaction et par conséquent à une réduction du commerce. C'est donc une barrière à l'échange et l'effet attendu est négatif. Par contre, un pays échange plus avec les partenaires à proximité avec qui il partage une frontière commune. De même pour le partage d'une langue commune, améliore le niveau des échanges. Il y a des raisons d'anticiper une corrélation positive entre la direction prédominante des flux commerciaux dans le passé et l'adhésion à un régime préférentiel dans le présent. Les facteurs historiques exercent une influence importante sur le commerce et jouent un rôle dans l'orientation du commerce international. Ainsi, la formulation d'un modèle de gravité standard, qui néglige le rôle des facteurs historiques, souffre du biais de variables omises (Eichengreen et Irwin 1998). La proximité, les affinités linguistiques et les liens coloniaux suggèrent un signe positif pour leurs coefficients.

L'existence d'un accord d'intégration régionale est de nature à rapprocher les économies signataires et devrait donc stimuler les échanges en réduisant les barrières tarifaires et les coûts de transactions.

4.3.2. Méthode et résultats des estimations

Les techniques utilisées pour l'estimation du modèle de gravité, sont principalement les moindres carrés ordinaires (MCO) ou le Tobit. Le modèle d'estimation non linéaire « Tobit » est utilisé si la proportion des observations nulles est élevée, mais les coefficients issus de ces modèles sont présentés comme des probabilités expliquant l'occurrence d'un événement. Ce modèle étant purement qualitatif, il ne permettrait pas de capter des éléments quantitatifs comme les flux commerciaux. Ainsi, l'utilisation des MCO est préférée, l'interprétation des coefficients est plus simple, car ces derniers sont considérés comme des élasticités. Le modèle de gravité en coupe transversale permet la mesure des effets temporels. Les régressions en MCO de l'année 1998 et 2013 donnent des résultats d'ensemble satisfaisants du point de vue des signes attendus et de la significativité.

Nous avons utilisé l'option « robust » dans notre équation afin de corriger l'hétéroscédasticité[1]. Les régressions en MCO de l'année 1998 et 2013 donnent des résultats d'ensemble satisfaisants du point de vue des signes attendus et de la significativité. Avec un coefficient de détermination R^2=0,68 en 1998 et R^2=0,56 en 2013. Ainsi, les variations des exportations sont expliquées à hauteur de 68% et 56% respectivement par les variables explicatives du modèle. Les coefficients des variables quantitatives étant exprimés en logarithme népérien sont directement interprétés comme des élasticités, alors que les coefficients des *dummies* seront interprétés comme étant des semi-élasticités. Nous allons utiliser la formule suivante pour leur calcul du taux de variation du commerce dû à la variable indicatrice étudiée x=e^(y-1) avec y le coefficient (lnx=y).

Les résultats obtenus pour l'année 1998 et de l'année 2013 sont présentés dans les tableaux 1. Le taux de significativité du PIB dans tous les modèles est de 1%. Le PIB contribue positivement à accroître le volume des échanges. Une hausse de 10% de celui du pays importateur entraîne une hausse des exportations de 9,5% en 1998 et 6,9% en 2013. Donc le Maroc exporte plus lorsque le pays a un niveau de développement relativement élevé. Ce phénomène traduit l'importance de l'effet des économies d'échelle dans les échanges. Ainsi la taille des économies partenaires reste un déterminant de l'intensité des échanges.

Concernant l'élasticité du commerce à la distance, une augmentation de la distance de 10% entre les deux pays entraîne, toutes choses égales par ailleurs, une baisse des exportations de -15,8%, contre -15,7% en 1998. La distance séparant les centres économiques des pays partenaires réduit considérablement les flux d'exportation. Cependant, cette baisse reste presque stable entre les deux années.

[1] On parle d'homoscédasticité lorsque la variance des erreurs stochastiques de la régression est la même pour chaque observation i (de 1 à n observations).

Tableau 1 : Estimation par les moindres carrés ordinaires (MCO) pour les années 1998 et 2013

	Modèle 1	Modèle 2	Modèle3	Modèle4
LnPIBj	0.91***	0.95***	0.86***	0.69***
	(0.091)	(0.136)	(0.078)	(0.109)
Lndist	-1.82***	-1.57***	-2.09***	-1.58***
	(0.273)	(0.383)	(0.268)	(0.368)
France		1.90***		2.10***
		(0.494)		(0.373)
Espagne		0.17		1.09*
		(0.669)		(0.578)
Nvl-Zld		4.59***		3.36***
		(0.809)		(0.747)
Jordanie99		1.93***		2.46***
		(0.417)		(0.382)
Egypte99		1.15**		2.12***
		(0.532)		(0.536)
Turquie06		0.21		2.68***
		(0.728)		(0.605)
EAU03		1.43***		2.00***
		(0.480)		(0.484)
USA06		-0.50		1.08**
		(0.582)		(0.494)
UMA_CCT		1.97***		2.13***
		(0.688)		(0.682)
UMEOA		0.95*		1.96***
		(0.513)		(0.560)
SGP22UE		0.02		1.24**
		(0.733)		(0.606)
NPF		1.45***		1.44***
		(0.433)		(0.426)
SGPC40		-0.77*		0.59
		(0.407)		(0.460)
Constant	20.92***	17.99***	24.14***	20.48***
	(2.503)	(3.165)	(2.469)	(3.150)
Observations	126	126	155	155
Adjusted R^2	0.632	0.680	0.514	0.560

Standard errors in parentheses; * $p < 0.10$, ** $p < 0.05$, *** $p < 0.01$

4.3.3. Analyse du potentiel de commerce

Les études du potentiel de commerce permettent d'obtenir un aperçu du niveau d'intégration des économies appartenant à des zones régionales ou de libre-échange. Les résultats de l'intégration en Afrique du Nord, par rapport à la tendance internationale, relèvent un commerce intra-régional dix fois plus faible par rapport à son potentiel (Achy 2007; UNECA 2013; Ekanayake et Ledgerwood 2009). Anós et Kumar (2006), Millogo et

Oulmane (2012) concluent à un potentiel limité pour l'intégration intra-régionale du commerce de marchandises au Maghreb. Ainsi, le processus d'intégration régionale avec l'UMA ou la GZLEA est de faible efficacité.

Depuis le GATT, en 1994, les pays d'Afrique du Nord, ont perdu de leur performance à l'exportation à cause de la banalisation des préférences dont bénéficiait le Maghreb sur le marché européen (Fontagné et Péridy 1995). Cependant, l'accord de libre-échange entre l'UE et le Maroc a eu des effets positifs sur les exportations du Maroc vers l'UE, notamment dans les produits agricoles et textiles (Péridy 2004). Le Maroc a aussi ouvert son marché à ses clients européens. Une simulation du démantèlement tarifaire par industrie indique que l'accord avec l'UE entraînera une augmentation annuelle moyenne de 4,6% des exportations espagnoles vers son voisin du sud (Blanes, Jose, et Milgram Baleix 2010). L'évaluation quantitative de Péridy (2005b; 2006) a permis d'estimer le potentiel de commerce des nouveaux voisins de l'UE. Ses résultats montrent que la plupart des nouveaux voisins jouissent d'un potentiel commercial important avec l'UE, particulièrement avec les nouveaux voisins de l'Est. Cependant, ce potentiel est limité pour certains pays qui ont déjà libéralisé leur commerce avec l'UE comme, Israël, ainsi que les pays candidats (Bulgarie, Roumanie et Turquie), en plus des pays de la méditerranée.

Une autre étude utilise l'approche de l'intégration économique par le marché pour évaluer et analyser le potentiel commercial des pays de la communauté économique et monétaire de l'Afrique centrale (CEMAC) (Avom et Mignamissi 2013). Coulibaly et *al* (2015) ont entrepris d'analyser les flux commerciaux intra-UEMOA avec la mise en œuvre du TEC-CEDEAO en utilisant un modèle de gravité augmenté.

De même, nous simulerons les niveaux de commerce qui pourraient être escomptés à la suite de la signature des ALE. Nous mesurerons les effets d'une zone de libre-échange sur les variations des flux de commerce en comparant l'année 1998, située avant la signature des accords, à 2013, située après la signature des accords, en vue de justifier l'intérêt des ALE.

Pour calculer les potentiels commerciaux, nous allons suivre la méthode présentée par Fontagné et *al* (2002). Ainsi, nous avons estimé les « flux simulés, notés ^ », à partir d'une prédiction linéaire[1], puis nous avons procédé à un ajustement en deux étapes.

- Calcul des flux simulés ajustés (notés *), à partir des flux simulés (notés ^) (équation 6).
- Calcul des potentiels commerciaux comme une simple moyenne des flux simulés bruts et des flux simulés ajustés (équation 7).

L'équation des exportations simulées ajustées, est :

[1] Pour notre analyse des prédictions, nous avons utilisé le logiciel STATA avec la commande predict.

$$X^*_{ijt} = \frac{\hat{X}_{ijt}\,(\Sigma_j X_{ijt} - X_{ijt})}{\Sigma_{ijt}\hat{X}_{ijt} - \hat{X}_{ijt}} \qquad (6)$$

Avec :

X^*_{ijt}: exportations simulées ajustées du pays i vers le pays j, l'année t;

$\hat{X}_{ijt}$: flux simulés des exportations du pays i vers le pays j, l'année t;

X_{ijt}: exportations observées du pays i vers le pays j, l'année t;

$\Sigma_j X_{ijt}$: somme des exportations observées du pays i vers le pays j, l'année t;

$\Sigma_j \hat{X}_{ijt}$: la somme des flux simulés du pays i vers le pays j, l'année t.

L'équation des potentiels commerciaux :

$$\text{Potentiel}_{ijt} = \frac{\hat{X}_{ijt} + X^*_{ijt}}{2} \qquad (7)$$

Avec :

Potentiel_{ijt}: le potentiel commercial du pays i vers le pays j, l'année t;

$\hat{X}_{ijt}$: flux simulés des exportations du pays i vers le pays j, l'année t;

X^*_{ijt}: exportations simulées ajustées du pays i vers le pays j, l'année t

Nous présenterons les résultats des estimations de potentiels d'échanges et leurs évolutions, pour le total des exportations puis par ALE.

4.3.3.1 Le potentiel au niveau global

Les exportations du Maroc dépassent le potentiel estimé au regard des résultats prédits (cf tableau 2). Ils représentent 105,95% en 1998 et 107,05% en 2013 avec une légère hausse de 1,11% entre les deux années.

Tableau 2 Exportations simulées globales, en millions de dollars

	1998		2013				
	Exportations	Potentiel	Exportations	Potentiel	1998*	2013*	Différence*
Total	7091,31	6693,29	21382,13	19973,06	105,95	107,05	1,11

Source : Calculs sur la base des estimations et de la base de données COMTRADE

*Exportations observées en pourcentage des exportations estimées.

4.3.3.2 Le potentiel par accord de libre échange

1/Les exportations observées du Maroc vers l'UE sont légèrement inférieures aux estimations prédites.

L'Union européenne est le principal partenaire commercial du Maroc avec 13.2 milliards de dollars d'exportation en 2013. Le potentiel des exportations prédit est de 157,56 millions de plus que les exportations observées.

Tableau 3 Exportations simulées avec les pays de l'UE en millions de dollars

Pays	Export. 1998	Potentiel	Export. 2013	Potentiel	1998*	2013*	Différence*
Malte	1,55	1,23	77,87	10,92	125,72	712,78	587,06
Lettonie	0,00	0,91	36,72	9,98	0,00	367,79	367,79
Roumanie	4,06	6,04	119,20	43,05	67,23	276,87	209,63
Pays-Bas	144,35	88,65	654,05	196,42	162,83	332,98	170,16
Autriche	14,25	39,53	138,60	104,31	36,06	132,87	96,81
Slovaquie	2,15	4,49	42,91	36,22	47,93	118,47	70,54
Italie	356,40	320,60	829,84	484,62	111,17	171,24	60,07
Suède	14,16	30,03	75,55	80,37	47,15	94,01	46,86
Estonie	0,51	0,67	8,55	7,91	75,68	108,12	32,44
R tchèque	1,48	12,76	26,84	63,40	11,59	42,33	30,74
Slovénie	0,13	5,28	8,75	26,79	2,55	32,66	30,11
Portugal	46,64	244,72	285,18	715,88	19,06	39,84	20,78
Danemark	3,67	26,53	21,11	72,00	13,83	29,33	15,50
Hongrie	1,22	8,71	11,48	42,62	14,05	26,94	12,89
Allemagne	432,32	429,65	597,19	555,48	100,62	107,51	6,89
France	2488,58	2913,83	4717,31	5346,01	85,41	88,24	2,83
Benelux[1]	219,79	61,23	569,83	158,62	358,98	359,25	0,26

Source : Calculs sur la base des estimations et de la base de données COMTRADE
*Exportations observées en pourcentage % des exportations estimées.
1. la Belgique et le Luxembourg

Les nouveaux partenaires commerciaux auxquels le Maroc exporte au-delà des potentiels sont principalement de plus petits pays comme la république de Malte, ou les pays de l'Est de l'Europe (Lettonie, Roumanie, Slovaquie, Estonie, République tchèque, Slovénie). Ces exportations peuvent être justifiées par des sous-traitances ou sous-produits qui seront réexportés par ces pays vers d'autres destinations européennes.

Nous remarquons aussi une évolution significative des exportations du Maroc vers les Pays-Bas et l'Autriche. Le pourcentage des exportations observées par rapport aux exportations simulées a augmenté de 170% et 96%, respectivement entre 1998 et 2013. Les exportations vers le Portugal, le Danemark et la Hongrie restent plus faibles par rapport aux potentiels estimés, malgré une évolution moyenne de 17% entre 1998 et 2013. Le potentiel des exportations du Maroc vers son partenaire historique la France a augmenté de 2,83% entre 1998 et 2013. Cependant, le total exporté vers la France est le plus élevé avec 4717,31 millions de dollars d'exportations réelles observées, en 2013.

2/Les performances économiques des pays européens ont évolué entre 1998 et 2013.

L'évolution du PIB de ces pays a conduit à une augmentation de leur potentiel au-delà de l'augmentation des exportations réelles du Maroc. Le potentiel de l'Espagne s'est multiplié par 5 en passant de 815,45 à 4665,21 millions de dollars d'exportations réelles observées, entre 1998 et 2013. Cependant, les exportations du Maroc vers l'Espagne ont aussi évolué, ce qui a permis de maintenir une proportion des exportations réelles par rapport aux exportations simulées presque identiques entre 1998 et 2013. En notant une baisse de seulement 1,07%.

Les exportations vers l'Irlande, la Pologne, ont plus que doublé entre 1998 et 2013, mais les exportations de 2013 n'ont pas pu suivre le potentiel de ces pays qui s'est multiplié par 4.

Tableau 4 Exportations simulées, en baisse entre 1998 et 2013, avec les pays de l'Union européenne, en millions de dollars

Pays	Export. 1998	Potentiel	Export. 2013	Potentiel	1998*	2013*	Différence*
Espagne	732,72	815,45	4142,09	4665,21	89,85	88,79	-1,07
Irlande	30,30	21,41	103,92	86,03	141,51	120,80	-20,71
Pologne	43,43	23,59	124,71	89,39	184,13	139,51	-44,62
Royaume-Uni	679,65	341,96	593,68	519,88	198,75	114,20	-84,55
Finlande	13,22	13,29	3,73	40,10	99,42	9,30	-90,12
Grèce	41,40	22,60	19,14	59,23	183,17	32,32	-150,85
Chypre	2,33	1,10	0,64	7,20	211,49	8,83	-202,66
Lituanie	13,09	1,45	57,52	13,59	899,45	423,06	-476,38
Bulgarie	14,91	2,28	31,78	20,52	653,65	154,86	-498,79
Total	5302,32	5438,01	13298,18	13455,74	97,50	98,83	1,32

Source : Calculs sur la base des estimations et de la base de données COMTRADE

*Exportations observées en pourcentage % des exportations estimées.

Les exportations ont même baissé vers le Royaume-Uni, la Finlande, la Grèce et Chypre malgré la hausse de leur potentiel. Les deux derniers pays de l'Est confirment notre conclusion, le Maroc exporte au-delà des potentiels vers ces pays, et ses exportations ont même doublé avec la Bulgarie et ont été multipliés par 4 avec la Lituanie, mais leur potentiel a évolué 10 fois plus vite que les exportations du Maroc, ce qui explique cette importante différence entre 1998 et 2013.

3/Potentiel des accords bilatéraux

Dans le cadre des relations bilatérales, les exportations du Maroc par rapport au potentiel de ses partenaires sont stables entre 1998 et 2013. Nous constatons une légère baisse avec l'Égypte et les États-Unis relativement à l'évolution de leur potentiel. Cependant, les exportations vers les États-Unis et la Jordanie se sont multipliées par 5 en moyenne, et par 12 vers l'Égypte et la Turquie. Les exportations du Maroc frôlent les 100% du potentiel de ces pays.

Tableau 5 : Exportations simulées : accords bilatéraux(M $)

Pays	Export. 1998	Potentiel	Export. 2013	Potentiel	1998*	2013*	Différence*
Émirats arabes unis	13,69	15,05	50,07	55,00	90,95	91,04	0,09
Égypte	11,81	12,97	166,69	183,45	91,05	90,87	-0,19
États-Unis	196,95	217,08	926,66	1022,39	90,72	90,64	-0,09
Jordanie	5,02	5,51	26,29	28,87	91,02	91,07	0,05
Turquie	35,37	38,91	416,40	457,55	90,91	91,01	0,10
Total	262,83	289,52	1586,12	1747,26	90,78	90,78	0,00

Source : Calculs sur la base des estimations et de la base de données COMTRADE
*Exportations observées en pourcentage des exportations estimées.

4/Potentiel de l'UMA

Le niveau de commerce avec les pays partenaires de l'UMA est faible par rapport à son potentiel (Millogo et Oulmane 2012 ; Anós et Kumar 2006). Malgré le partage d'une culture, une langue, et des frontières communes, il existe des contraintes économiques et politiques faisant obstacle aux perspectives de commerce du Maroc avec les pays de sa région. L'intégration commerciale avec l'Algérie est totalement entravée à cause des frontières souvent fermées, depuis la guerre civile en Algérie dans les années 90. Récemment, le « Printemps arabe » en Tunisie puis en Libye peut expliquer la faiblesse des échanges.

Tableau 6 : Exportations simulées vers les pays de l'UMA (M $)

Pays	Export. 1998	Potentiel	Export. 2013	Potentiel	1998*	2013*	Différence*
Algérie	10,71	141,06	209,39	1313,97	7,59	15,94	8,34
Libye	101,07	27,97	87,21	215,94	361,34	40,39	-320,95
Mauritanie	9,77	3,22	141,09	14,33	303,94	984,42	680,49
Tunisie	42,94	29,42	86,86	202,64	145,98	42,86	-103,11
Total	164,49	201,67	524,55	1746,89	81,57	30,03	-51,54

Source : Calculs sur la base des estimations et de la base de données COMTRADE
*Exportations observées en pourcentage des exportations estimées.

Les exportations observées en pourcentage des exportations estimées, atteignent 30% en 2013 et elles ont diminués de 50% par rapport à 2008. Les exportations vers l'Algérie sont faibles par rapport à son PIB, ils ne dépassent pas 16% en 2013. Ceux vers la Libye et la Tunisie sont en baisse de -320% et -103% respectivement. Toutefois, les exportations du Maroc vers la Mauritanie dépassent son potentiel de 984% en 2013, il est en hausse de 680% par rapport à 1998.

4/Potentiel des pays signataires de la convention commerciale et tarifaire

En 2008, le commerce avec les pays signataires de la convention commerciale et tarifaire correspond, en moyenne au potentiel de commerce de ces pays. Il a augmenté de 25.5%, en 2013, dépassant le potentiel de 88.5 millions de dollars. Le Sénégal reste le premier partenaire du Maroc, suivi par la Guinée dont le potentiel reste très faible. Nous constatons une évolution très faible des exportations vers l'Arabie Saoudite et le Tchad, entre 1998 et 2013, ils sont au-dessous de leur potentiel. Les exportations du Maroc par rapport au potentiel de l'Arabie saoudite sont en nette régression de presque 50%.

Tableau 7 : Exportations simulées vers quelques pays signataires de la convention commerciale et tarifaire (en M $)

Pays	Export. 1998	Potentiel	Export. 2013	Potentiel	1998*	2013*	Différence*
Arabie saoudite	60,59	58,79	64,25	114,32	103,07	56,20	-46,87
Guinée	7,68	2,06	111,02	18,94	372,52	586,04	213,52
Sénégal	16,13	21,10	240,69	185,30	76,42	129,89	53,47
Tchad	0,24	1,83	5,84	14,71	13,22	39,73	26,51
Total	84,64	83,78	421,80	333,28	101,03	126,56	25,53

Source : Calculs sur la base des estimations et de la base de données COMTRADE

*Exportations observées en pourcentage des exportations estimées.

5/Potentiel de l'UEMOA

L'UEMOA connaît un développement commercial interne depuis sa création, mais les importations et exportations intra-UEMOA prédites restent supérieures d'au moins 50% aux flux commerciaux observés (Gbetnkom et Avom 2005). De plus, le commerce intra-UEMOA pourrait presque tripler si l'ensemble des routes reliant les pays membres était revêtu en dur (Coulibaly et Fontagné 2006).

Les exportations du Maroc vers les pays de l'UEMOA n'ont pas suivi l'évolution économique de ces pays, ils restent inférieurs au potentiel de cette union. En 2013, le pourcentage des exportations du Maroc par rapport au potentiel du Bénin, Burkina Faso et le Niger ne dépassent pas 50%, il est même en régression par rapport à 1998, avec le Bénin, la Côte d'Ivoire et le Mali

Tableau 8 : Exportations simulées vers les pays UEMOA (en M $)

Pays	Export. 1998	Potentiel	Export. 2013	Potentiel	1998*	2013*	Différence*
Bénin	3,46	1,85	25,50	69,67	187,11	36,60	-150,51
Côte d'Ivoire	31,18	19,32	112,37	97,12	161,37	115,71	-45,66
Mali	9,48	6,81	40,58	75,81	139,17	53,52	-85,64
Burkin a Faso	2,21	6,92	28,44	74,40	31,97	38,22	6,25
Niger	1,05	5,26	15,96	54,83	19,90	29,11	9,21
Sénégal	16,13	21,10	240,69	185,30	76,42	129,89	53,47
Guinée -Bissau	0,10	0,12	4,65	2,64	79,04	176,34	97,29
Togo	1,84	0,63	48,51	5,89	293,03	823,45	530,41
Total	65,43	62,01	516,70	565,67	105,52	91,34	-14,18

Source : Calculs sur la base des estimations et de la base de données COMTRADE

*Exportations observées en pourcentage des exportations estimées.

Le potentiel de la Guinée-Bissau et du Togo est très faible, les exportations du Maroc vers ces pays dépassent leur potentiel. Le Sénégal reste le premier pays de la région auquel le Maroc exporte le plus en 2013, mais ces exportations restent faibles par rapport au potentiel économique du pays. La signature d'un accord avec cette union permettra au Maroc d'améliorer ses échanges commerciaux avec ces pays et profiter du potentiel de ce marché.

Conclusion

Ce chapitre a analysé les flux de commerce du Maroc vers ses principaux partenaires et l'impact des ALE sur le potentiel du commerce du Maroc, en utilisant un modèle de gravité augmentée. Dans la mesure où les principaux accords signés par le Maroc sont postérieurs à l'année 2000, nous comparons l'année 1998 à 2013. L'analyse a donné des résultats d'ensemble satisfaisants et est conforme à la théorie économique. Ils indiquent que l'évolution des PIB des pays importateurs exerce un effet positif sur les échanges bilatéraux au cours des deux années considérées. Les variables muettes (dummies) représentant les échanges bilatéraux ou multilatéraux sont statistiquement significatives pour au moins une des deux périodes. Globalement, les accords commerciaux ont des effets positifs sur les exportations du Maroc et les obstacles dus aux barrières tarifaires sont réduits.

Les résultats montrent qu'il existe un potentiel d'échange important avec les pays de l'UMEOA et l'UMA. Les exportations du Maroc vers les pays de ces régions sont au-dessous de leur potentiel, ce sont des marchés inexploités et il existe un potentiel pour accroître le commerce et l'investissement marocain. Ainsi, il serait bénéfique pour le Maroc de consolider ses relations avec les pays de l'UMEOA en signant un accord de libre-échange avec ce groupement. L'union commerciale et régionale du Maghreb arabe souffre d'un manque d'accompagnement et de la timidité des efforts pour les rares mesures adoptées et appliquées. De plus, la petite taille des marchés, la similarité des structures de production, la faible complémentarité du commerce, et l'absence de dynamisme des exportations et leur faible niveau de diversification commerciale limitent les échanges. Anós et Kumar (2006) relèvent aussi une multitude de barrières non tarifaires qui augmente les coûts des transactions et recommande de les éliminer progressivement.

La concurrence mondiale est devenue plus intense et la demande de l'UE pourrait s'orienter vers des concurrents de l'Europe centrale et de l'est et de l'Asie de l'est. Nous avons relevé une augmentation des exportations du Maroc vers ces pays, mais face à l'Accord d'Association avec l'UE la modernisation s'impose pour que les entreprises marocaines puissent jouer sur des niveaux institutionnels semblables à ceux dont disposent les entreprises de l'UE (Escribano Frances et Lorca Corrons 2003). L'accord bilatéral avec la Turquie, la Jordanie, l'Égypte, les États-Unis et les Émirats arabes unis a un impact positif. Les exportations du Maroc se sont multipliées par 5 vers les États-Unis et la Jordanie, et par 12 vers l'Égypte et la Turquie. Toutefois, ils restent légèrement inférieurs au potentiel de ces pays.

Références

Achy Lahcen. 2007. « Le commerce intra-régional : l'Afrique du Nord est-elle une exception ? », *L'Année du Maghreb, CNRS Éditions.*

Anderson J. E. 1979. « A Theoretical Foundation for the Gravity Equation ». *American Economic Review* 69 (1) : 106-16.

Anderson, J. E., Van Wincoop E. 2003. « Gravity with Gravitas: A Solution to the Border Puzzle. » *American Economic Review* 93 (1) : 170-92.

Anós C. P. et Kumar G. S. 2006. « Une nouvelle vision pour l'intégration économique du Maghreb ? : Une nouvelle vision pour l'intégration économique du Maghreb : rapport principal ». 38359. Banque mondiale. http://documents.banquemondiale.org/curated/fr/2006/11/8712725/new-vision-maghreb-economic-integation-vol-1-2-une-nouvelle-vision-pour-lintegration-economique-du-maghreb-rapport-principal.

Avom D. et Mignamissi D. 2013. « Évaluation et analyse du potentiel commercial dans la communauté économique et monétaire de l'Afrique centrale (CEMAC) ». *L'Actualité économique - Revue d'analyse économique* 89 (2) : 115-45.

Baldwin R. 2016. « The World Trade Organization and the Future of Multilateralism. » *Journal of Economic Perspectives* 30 (1) : 95-116.

Banque Mondiale. 2006. « Une nouvelle vision pour l'intégration économique du Maghreb ? : Une nouvelle vision pour l'intégration économique du Maghreb : rapport principal ». 38359. http://documents.banquemondiale.org/curated/fr/2006/11/8712725/new-vision-maghreb-economic-integation-vol-1-2-une-nouvelle-vision-pour-lintegration-economique-du-maghreb-rapport-principal.

Beckerman W. 1956. « Distance and the pattern of intra-European trade ». *Review of Economics and Statistics* 38, 31-40.

Bergstrand J. H. 1989. « The Generalized Gravity Equation, Monopolistic Competition, and the Factor-Proportions Theory of International Trade. » *Review of Economics & Statistics* 71 (1) : 143.

Blanes C., Vicente J. et Milgram Baleix J. 2010. « Impacto de la liberalizacion comercial de Marruecos sobre las exportaciones por regiones. (Effects of Moroccan Trade Liberalization of Regional Exports. With English summary.) ». *Revista de Economia Aplicada* 18 (52) : 63-90.

Brada J. et Mendez J. 1983. « Regional Economic Integration and the Volume of Intra-Regional Trade: A Comparison of Developed and Developing Country Experience ». *Kyklos* 36 (4) : 589-603.

Coulibaly A., Traore M. et Diarra S. 2015. « UEMOA versus CEDEAO : Analyse par le Modèle de Gravité des Créations de Flux de Commerce Intra-Communautaire ». In . Vol. DR 2015.1. Commission de l'UEMOA.

Coulibaly S., et Fontagné L. 2006. « South-South Trade: Geography Matters ». *Journal of African Economies* 15 (2) : 313-41.

Croome J. 1995. *Reshaping the world trading system: A history of the Uruguay Round*. Sales No. 1995-12.
Deardorff A. V. 1998. « Determinants of Bilateral Trade: Does Gravity Work in a Neoclassical World? » In *The regionalization of the world economy*, édité par Jeffrey A. Frankel, 7-22. NBER Project Report series. Chicago and London: University of Chicago Press.
Allen D. 2006. « The impact of regional trade agreements and trade facilitation in the Middle East and North Africa region ». *Policy Research Working Paper;* No. 3837. World Bank, Washington, DC. © World Bank. https://openknowledge.worldbank.org/handle/10986/8783
Eichengreen B. Irwin D. A., 1998. « The Role of History in Bilateral Trade Flows ». In *The regionalization of the world economy*, édité par Jeffrey A. Frankel, 33-57. NBER Project Report series. http://www.nber.org/chapters/c7819.pdf.
Ekanayake E. M., Ledgerwood J. R.. 2009. « An Analysis of the Intra-regional Trade in the Middle East and North Africa Region ». *International Journal of Business and Finance Research* 3 (1) : 19-29.
Escribano Frances Gonzalo, et Alejandro Lorca Corrons. 2003. *La politique commerciale du Maroc : entre liberalisation et modernization.* Peter G. Xuereb. European Documentation and Research Centre. http://aei.pitt.edu/1649/.
Fontagné L., Pajot M., et Pasteels J.-M., 2002. « Potentiels de commerce entre économies hétérogènes : un petit mode d'emploi des modèles de gravité ». *Économie et Prévision*, n° 152-153 : 115-39.
Fontagné, L. et Péridy N. 1995. « Uruguay Round et PVD : le cas de l'Afrique du Nord. » *Revue économique* 46 (3) : 703-15.
Gbetnkom D. et Avom D. 2005. « Intégration par le marché : Le cas de l'UEMOA ». *Region et Developpement*, n° 22 : 85-103.
Gomart T. 2002. « La relation bilatérale : un genre de l'histoire des relations internationales ». *Matériaux pour l'histoire de notre temps* 65 (1) : 65–68. doi:10.3406/mat.2002.403316.
Helpman, Elhanan. 1987. « Imperfect Competition and International Trade: Evidence from Fourteen Industrial Countries ». *Journal of the Japanese and International Economies* 1 (1) : 62-81.
Helpman E., Krugman P. R., 1985. *Market Structure and Foreign Trade : Increasing Returns, Imperfect Competition, and the International Economy*. MIT Press,. Cambridge, Mass.
Hummels D., Levinsohn J., 1993. « Product Differentiation as a Source of Comparative Advantage? » *The American Economic Review* 83 (2) : 445-49. doi:10.2307/2117706.
———. 1995. « Monopolistic competition and international trade: Reconsidering the evidence. » *Quarterly Journal of Economics* 110 (3) : 799.

Kahouli, Bassem, et Samir Maktouf. 2013. « Regional Trade Agreements in Mediterranean Area: Econometric Analysis by Static Gravity Model. » *Journal of East-West Business*, sect. 19.
Leamer, Edward, et James Levinsohn. 1995. *International trade theory: The evidence.* 1re éd. Vol. 3. Handbook of International Economics. G., M. Grossman and K., Rogoff, Elsevier.
Linnemann, Hans. 1966. « An economic study of international Trade and transformation ». *John Wiley, New York.*
Mayer, Thierry, et Soledad Zignago. 2011. « Notes on CEPII's distances measures : The GeoDist database », Working Papers, , n° 2011-25.
McCallum, John. 1995. « National Borders Matter: Canada-U.S. Regional Trade Patterns. » *American Economic Review* 85 (3) : 615-23.
Mignamissi, D., (2008). Réformes macroéconomique et intégration par le marché dans la CEMAC. *Memoire Online.* http://www.memoireonline.com/08/09/2492/m_Reformes-macroeconomique-et-integration-par-le-marche-dans-la-CEMAC25.html.
Millogo, Albert, et Nassim Oulmane. 2012. « Potentiel de commerce dans l'espace maghrebin. » *Mondes en Developpement* 40 (158) : 115-26.
OMC, (2003). *Examens de la politique commerciale du Maroc*, Organe d'examen des politiques commerciales. Rapport du Secrétariat. www.wto.org/french/tratop_f/tpr_f/g116_f.doc.
Oyejide, T. Ademola. 2002. *Special and Differential Treatment.* Vol. 49. Development, Trade and the WTO: A Handbook. Washington, DC, World Bank: Bernard Hoekman, Aaditya Mattoo, and Philip English.
Péridy, Nicolas. 2004. « L'impact de la politique euro-mediterraneenne sur les echanges UE-Maroc : Application d'un indicateur de performance a l'exportation. » *Region et Developpement*, n° 19 : 55-82.
———. 2005a. « Toward a Pan-Arab Free Trade Area: Assessing Trade Potential Effects of the Agadir Agreement ». *The Developing Economies*, Blackwell Publishing Ltd édition, sect. 3-43.
———. 2005b. « Trade Prospects of the New EU Neighborhood Policy: Evidence from Hausman and Taylor's Models. » *Global Economy Journal* 5 (1) : 1-26.
———. 2005c. « The Trade Effects of the Euro-Mediterranean Partnership: What Are the Lessons for ASEAN Countries? » *Journal of Asian Economics* 16 (1) : 125-39.
———. 2005d. « Towards a New Trade Policy between the USA and Middle-East Countries: Estimating Trade Resistance and Export Potential ». *World Economy* 28 (4) : 491-518.
———. 2006. « La nouvelle politique de voisinage de l'Union europeenne. Une estimation des potentiels de commerce ». *Revue Economique* 57 (4) : 727-46.
———. 2012. « Some New Insights into Trade Potential between the EU and Its Mediterranean Partners. » *Economics Research International.*

Péridy, Nicolas, et Nathalie Roux. 2012. « Why Are the Trade Gains from the Euro-Mediterranean Partnership So Small? » *Journal of World Trade* 46 (3) : 571-95.

Poyhbnen, Pentti. 1963. « A tentative model for the volume of trade between countries ». *Weltwirtschaftliches Archiv* 90 (1) : 93-99.

Tinbergen, Jan. 1962. « Shaping the World Economy: Suggestions for an International Economic Policy ». *The Twentieth Century Fund.*, 130133 édition. hdl.handle.net/1765/16826.

UNECA. 2013. « Intégration régionale et développement du commerce intra-régional en Afrique du Nord : quel potentiel de commerce ? » United Nations Economic Commission for Africa. https://repository.uneca.org/handle/10855/22307.

Viner, Jacob. 1950. « The custom Union Issue. » *Carregie Endowment for International Peace.*

Chapitre 5
L'Algérie et l'OMC : l'adhésion ou la rente

Myriam Donsimoni[1]

Introduction

L'Algérie constitue un cas d'école dans l'illustration de l'enfermement d'une économie ; c'est l'exemple, poussé à la caricature, d'un pays qui s'est condamné lui-même à la malédiction de la rente. Axée sur le pétrole et le gaz - qui demeurent encore aujourd'hui les principales sources d'énergie dans le monde – l'économie algérienne s'enlise. Tous les efforts que l'Algérie déploie depuis 1987 pour intégrer l'OMC ne suffisent pas ; le pays est au pied du mur. L'alternative qui s'offre à elle est la suivante : intégrer le commerce mondial dans sa configuration actuelle et affronter la concurrence et les coûts de transaction liés à l'adhésion à l'OMC ou prendre le temps de restructurer son économie et de la renforcer en dehors du secteur des hydrocarbures pour arriver plus forte sur la scène internationale. Autrement dit, alors qu'en mars 2014, l'OMC s'est dite très favorable à l'accession rapide de l'Algérie, reconnaissant des progrès substantiels dans son régime commercial, la question se pose de la pertinence de cette adhésion dans le contexte actuel. Nous nous proposons donc d'examiner les enjeux liés à l'adhésion de l'Algérie à l'OMC et d'apporter quelques éléments d'éclaircissement sur les avantages à en tirer et sur les défis à relever. Il ne suffit pas de lister, d'une part, les aspects positifs et, d'autre part, les aspects négatifs, il s'agit de les contextualiser et de dire si au final, l'adhésion de l'Algérie à l'OMC constituera un aiguillon pour accélérer les réformes ou une solution dangereuse et prématurée.

Après avoir présenté les arguments qui montrent selon nous que la situation de l'Algérie est inquiétante (I) en raison de l'évolution récente du marché des hydrocarbures (I.1) et des caractéristiques de l'économie algérienne (I.2), nous repèrerons les impacts de son éventuelle adhésion à l'OMC à l'aune de sa situation actuelle et des difficultés qu'elle rencontre (II). Notre analyse s'appuie sur une approche qualitative des coûts et avantages de cette adhésion et s'appuie sur plusieurs questionnements : Les

[1] Université de Savoie (PACTE UMR 51-94)

gains attendus de l'ouverture au commerce international ne seront-ils pas annulés par l'incapacité de l'Algérie à faire face à la concurrence ? (II.1). Comment imposer un cadre formel et transparent dans une économie fortement marquée par l'informel et la corruption ? (II.2). Comment concilier la nécessité d'une accélération des réformes pour se conformer aux règles de l'OMC alors que des modifications de fond s'imposent dont les résultats ne seront perceptibles que sur le long terme ? (II.3). Enfin, comment concilier la préservation des ressources naturelles et la gestion de la rente ? (II.4).

5.1. La situation préoccupante de l'Algérie

Selon les chiffres de la Direction générale du Trésor algérien, le secteur des hydrocarbures représente 30 % du PIB de l'Algérie, 97 % de ses exportations et près de 70 % de ses recettes fiscales, mais concerne seulement 3 % de sa population active. La production industrielle hors hydrocarbures ne représente que 5 % du PIB.W. Rostow (1962), dans son analyse des étapes de la croissance, recommande d'investir au moins 10 % du PIB pour permettre le décollage économique et la phase de maturation. L'Algérie a investi près de 25 % de son PIB en 15 ans et pourtant le pays ne parvient à émerger sur le plan économique. Quelque 500 milliards de dollars en plans de relance ont permis d'opérer une amélioration dans plusieurs domaines (routes, logements, barrages), mais pas dans des secteurs productifs. Lorsqu'à la fin des années 1990, l'État algérien a décidé de ne plus investir directement dans le secteur productif, les entreprises privées auraient dû prendre le relais, mais leur engagement ne s'est finalement pas substitué au retrait public. Alors qu'en 1995, l'investissement privé représentait près de 22 % de l'investissement total, il passe à moins de 14 % en 1999. Ainsi, en participant à l'amélioration de l'environnement, l'investissement public, plutôt que d'exercer un effet d'attractivité sur le secteur privé selon les leçons de la théorie de la croissance endogène, déclenche au final un effet d'éviction.

En 1999, la nouvelle équipe gouvernementale avait fait un diagnostic tout à fait objectif de la situation algérienne : administrations lourdes et bureaucratisées, entreprises sous-gérées, mauvaise gestion des ressources humaines, sous-qualification, laxisme, corruption et immobilisme. Si le diagnostic était bon, le remède le fut moins, car il a consisté à inonder d'argent les entreprises et les administrations en espérant qu'elles l'utilisent efficacement. Mais les acteurs économiques peinent à se « désintoxiquer » de la manne pétrolière. L'Algérie doit diversifier sa production et privilégier les industries d'avenir pour se libérer des hydrocarbures, car la rente pétrolière va finir par s'épuiser.

5.1.1. La fin annoncée de la rente pétrolière

L'Algérie est le 6ème exportateur mondial de gaz (9ème producteur) et le 10ème de pétrole brut (17ème producteur). Pourtant, économistes et experts pétroliers de la Sonatrach, la société nationale des hydrocarbures, dressent de bien sombres constats. Ils annoncent, chiffres à l'appui, la fin proche de la rente pétro-gazière car bien que de nouveaux gisements aient été découverts, ils nécessitent des techniques de fracturation hydraulique qui coûtent cher. Ce constat est on ne peut plus inquiétant dans un pays qui tire 98 % de ses revenus des exportations d'hydrocarbures et qui doit importer 70 % de ce que sa population consomme.

Après avoir enregistré une croissance continue (9 % en moyenne annuelle entre 1980 et 2000), le volume de la production de gaz a fléchi depuis 2005. De la même manière, la production pétrolière, après avoir connu une forte hausse (+ 30 % en entre 2000 et 2005), a décru de 16 % entre 2007 et 2012. Cette évolution se répercute sur les exportations d'hydrocarbures dont les volumes ont diminué de 18,4 % (selon la Sonatrach) entre 2007 et 2011. La baisse a atteint 44,3 %[1] pour les exportations de pétrole brut sur cette période et 12 % pour les exportations de gaz. Selon le rapport 2011 du FMI, les exportations algériennes en gaz naturel liquéfié (GNL) ont baissé de 10 % en 2010, avec un arrêt total cette année-là des exportations de GNL vers les États-Unis et la Belgique (10 % des volumes totaux).

La production de gaz atteint difficilement les 60 milliards de m^3 avec un pic de 65 milliards de m^3en 2005. C'était en moyenne le volume exporté de 2001 à 2008. Les exportations de gaz n'ont pas dépassé 45 milliards de m^3 en 2013, alors que les prévisions tablaient sur une production de 85 milliards de m^3 en 2012. L'attaque terroriste contre le site gazier de Tigantourine en janvier 2013 a certes entraîné une perte de capacité à produire, mais la tendance à la baisse avait été observée avant cet événement, le pic ayant été atteint en 2005. Cette situation s'explique par la découverte de nouvelles ressources en gaz de schiste aux États-Unis et en Pologne (5 300 milliards de m3 de gaz de schiste dans ses sous-sols) qui viennent concurrencer les productions traditionnelles. Selon les prévisions de l'Agence Internationale de l'Énergie (AIE), la contribution du pétrole de schiste dans la demande mondiale sera de deux millions de barils/jour d'ici à 2020 et de trois millions de barils/jour d'ici à 2035. Certains pays, principalement européens, en ont profité pour contester les contrats à long terme qui indexaient les prix du gaz à ceux du pétrole. Cela a conduit, depuis 2009, à une déconnexion perceptible entre le prix de gros du gaz et les prix des produits pétroliers. Cette déconnexion persiste encore et a conduit de nombreux fournisseurs européens à renégocier leurs contrats d'approvisionnement. Face à ces négociations à la baisse, les investissements pour le gaz, sont quant à eux très capitalistiques et à rentabilité lente.

---

[1]Selon le prix de référence du panier OPEP/OPEC, « *Annual Statistical Bulletin* »,2012.

La production algérienne de pétrole est de plus en plus concurrencée et la manne que constitue la rente pétrolière ne devrait pas durer. L'horizon d'épuisement de la rente des hydrocarbures varie selon les sources et en fonction des hypothèses retenues, notamment celles sur les investissements de prospection. D'après le Comité professionnel du Pétrole, les réserves mondiales prouvées de pétrole brut se sont stabilisées au 1er janvier 2014, à 224 milliards de tonnes (+ 0,3 %), ce qui représente environ 60 années, au rythme actuel de la production. La production mondiale de pétrole brut atteint quant à elle 3,75 milliards de tonnes en 2013 (+ 0,8 %). La production des douze pays membres de l'OPEP a reculé de 2,2 %, à 1,53 milliard de tonnes. La part de l'OPEP dans le total mondial s'est établie à 40,8 %.

En 2004, une étude réalisée par *British Petroleum*, estimait que la durée de vie des réserves pétrolières de l'Algérie serait de 16-18 ans. Si le calcul était bon, il ne resterait plus que 8 ans de réserves ! Selon les données de l'OPEP (rapport 2013) l'Algérie dispose de 12,2 milliards de barils de réserves pétrolières prouvées ce qui la situe au 15ème rang sur 35 pays et correspond à 0,8 % des réserves mondiales (1688 milliards de barils). Avec 4500 milliards de m3 de réserves de gaz, elle détient 2,16 % des réserves mondiales. Mais selon la Sonatrach, le pays n'aurait plus que 2000 milliards de m3 de gaz traditionnel (au lieu des 4500 annoncés par les chiffres officiels de l'OPEP), ce qui correspond à seulement 0,96 % des réserves mondiales. La découverte en 2014 de huit nouveaux gisements vient élargir cet horizon en ajoutant environ 300 millions de tonnes équivalent pétrole (TEP)[1]. Cependant la Sonatrach devra recourir à des techniques non conventionnelles de forage (fracturation hydraulique) pour extraire la plus grande partie de ces réserves. Ces contraintes augmenteront le coût d'extraction d'environ 10 %. La Sonatrach lance un appel aux investisseurs potentiels pour contribuer au financement de son plan de développement quinquennal 2015-2019, qui prévoit une enveloppe de 90 milliards de dollars, malgré la baisse des cours de pétrole. Le défi qui se pose n'est pas tant celui des exportations que celui de la consommation domestique de pétrole. En effet, pour satisfaire les besoins d'une population qui passera à environ 50 millions d'habitants en 2020, l'Algérie pourrait être importatrice de pétrole à l'horizon 2025, et de gaz conventionnel dont la consommation algérienne doit doubler d'ici 2017. La question est de savoir combien de temps il faudra à l'Algérie pour qu'elle stimule suffisamment d'autres secteurs de production, de telle sorte qu'elle puisse garder un temps d'avance sur l'épuisement des ressources naturelles et sur la pression de la concurrence.

Parallèlement, la production de pétrole brut aux États-Unis a augmenté de 800 000 barils par jour en 2012, 700 000 barils en 2013 pour atteindre une production de 7,1 millions de barils par jour. Actuellement, et pour la

[1] 1 TEP équivaut à environ 1 000 M3 de gaz et 1 baril = 0,14 TEP

première fois depuis bien longtemps, les États-Unis sont capables de produire ce qu'ils consomment en gaz et en pétrole. Dans son dernier rapport, l'AIE estime que les États-Unis deviendront, en 2017, le premier pays producteur de pétrole, devant l'Arabie Saoudite, et de gaz à l'horizon 2020/2025 devant la Russie. Si, sur la période 2007-2011, la hausse des cours mondiaux (de 74,6 USD/b en 2007 à 112,92 USD/b en 2011 soit une appréciation de 51,36 % en 4 ans) a permis de compenser la baisse du volume des exportations et d'accroître les recettes de 21 % (environ 72 milliards de dollars), l'évolution actuelle des prix est défavorable aux pays de l'OPEP. Conséquence de la découverte et de l'exploitation de nouveaux gisements de par le monde, le prix du baril de pétrole a diminué de 30 % depuis le début de l'été, pour se situer à un niveau historiquement bas autour de 70€ le baril.

Le gaz représente plus de 40 % des rentrées de devises et le pétrole 98 %, mais malgré des recettes d'exportation importantes, l'Algérie devra faire face à un problème de financement de son économie au-delà de 2014. En effet, ses dépenses courantes se sont envolées ces trois dernières années et son déficit budgétaire est persistant et élevé : 20 % du PIB en 2013. L'Algérie bénéficie certes d'une solide situation financière extérieure grâce à un très faible endettement. Bien que le ratio dette publique/PIB augmente depuis deux ans - il est passé de 9,2 en 2012 à 9,4 en 2013 et 10,2 en 2014 (prévisions Coface) -, on est loin malgré tout des 59 % de 1999 (39,7 % en 2002, 26 % en 2004) ! Le Projet de loi de finances prévoit pour 2014 un creusement du déficit budgétaire : 3.438 mds de dinars algériens (DA) (45 milliards de dollars) contre un déficit de 3 059,8 mds DA en 2013 (38 milliards de dollars).

Le gouvernement envisage de combler son déficit en faisant intervenir le Trésor public et le Fonds de régulation des recettes (FRR). Ce fonds, créé en 2000, est alimenté par le différentiel entre le prix fiscal du baril de pétrole (fixé par la loi de finance 2014 à 37 dollars) et le prix du marché (fixé à 90 dollars). Chaque loi de finance algérienne est bâtie en utilisant ces deux prix de référence. Ainsi, pour 2014, les recettes de la fiscalité pétrolière sont versées au budget de l'État jusqu'à 37 dollars, le solde (la différence entre 90 et 37 multipliée par les quantités de barils vendus) est versé au FRR. Sur cette base, pour l'année 2014, le budget de l'État présente un déficit équivalent à 18,1 % du PIB. Les disponibilités financières du FRR s'élèveraient quant à elles à 7.226,4 mds de DA (95 mds $), fin décembre 2014, soit 39,7 % du PIB permettant d'alimenter trois ans d'importation (montant euphorique qui n'a pas prévu la baisse actuelle du prix du pétrole).

Face à la tendance baissière des exportations, les importations connaissent une croissance rapide. L'Algérie importe plus de 60 % de ses besoins en céréales, 30 % de ses besoins en viande bovine et la quasi-totalité de son huile, sucre et produits laitiers. Paradoxalement, le pays est contraint, faute de capacité de raffinage locale, d'importer de grandes quantités de gasoil et d'essence. La production des cinq raffineries algériennes en activité est en baisse avec environ 22 millions de tonnes actuellement obligeant la Sonatrach à importer presque 4 millions. En 2013, l'Algérie a acheté pour 2,24 milliards de dollars en gasoil, tandis que ses importations d'essence se sont chiffrées à 1,2 milliard de dollars. La Russie, la Libye et les États-Unis sont les fournisseurs principaux de l'Algérie en gasoil. S'agissant de l'essence, l'Italie reste le principal fournisseur. Outre l'essence et le gasoil, elle importe également plus de 50 % de ses besoins en lubrifiants (huiles de moteurs et graisses industrielles) et environ 90 % de ses besoins en bitume (routier et oxydé pour le bâtiment). Pour remédier à cette situation, la Sonatrach envisage d'investir dans cinq nouvelles raffineries (15 milliards de dollars) d'une capacité de 5 millions de tonnes/an chacune et de réhabiliter les installations existantes. Ce projet arrive cependant dans un contexte de baisse de la production algérienne et de surcapacités de raffinage sur le marché européen, sans omettre la concurrence de la Chine, de l'Inde, de l'Arabie Saoudite et du Koweït où de nouveaux projets de raffineries permettront d'inonder le marché mondial d'offres moins chères.

Le système économique algérien semble atteindre certaines limites dans la mesure où, même si les financements internes ne manquent pas et si les équilibres macroéconomiques peuvent être préservés, les projets prévus dans le cadre d'un important programme de modernisation des infrastructures doivent trouver leur rentabilité. Passer de la rente à la rentabilité, tel est le défi que le pays doit maintenant relever.

5.1.2. Le paradoxe d'une richesse qui finit par appauvrir

Les études empiriques sur la « malédiction des ressources naturelles » n'ont, jusqu'à présent, pas abouti à des conclusions uniformes (Rosser, 2006). Certaines ont mis en évidence une relation négative entre la croissance et la dépendance à l'égard des ressources (Carbonnier, 2007), même en tenant compte de beaucoup d'autres déterminants possibles d'une faible croissance, comme les variations des termes de l'échange, l'investissement et la qualité des institutions. Des travaux ultérieurs (*Document d'information* d'Oxfam, 2009) ont montré que c'était la qualité des institutions qui faisait de l'abondance des ressources une malédiction ou une bénédiction, l'abondance affectant indirectement la croissance à travers son effet négatif sur les institutions. Des études empiriques plus récentes[1] ont critiqué la conclusion selon laquelle l'abondance des ressources naturelles est une malédiction, faisant valoir que la prédominance des ressources naturelles peut avoir un effet nul, voire positif, sur la croissance si l'abondance est mesurée correctement, s'il est tenu compte des autres

---

[1]Le Secrétaire de la CEA, Carlos Lopes, estime que « les ressources naturelles de l'Afrique sont une bénédiction et non une malédiction ». :
http://www.un.org/africarenewal/fr/magazine/avril-2014

variables corrélées à l'abondance et si l'épuisement de la ressource pendant la période d'observation est pris en compte dans l'évaluation.

Force est toutefois de constater que l'Algérie souffre de tous les maux caractéristiques d'une fin de rente : dépréciation du taux de change réel, désindustrialisation, problèmes institutionnels. Si on peut constater que l'économie algérienne subit les effets destructeurs du « syndrome hollandais » - notamment une dépendance très forte du pays aux importations – l'impact sur le taux de change est inversé. Théoriquement un des symptômes de la maladie hollandaise est l'appréciation de la monnaie locale qui pénalise l'industrie domestique jusqu'au moment où les importations rattrapent les exportations, conduisant à un taux de change d'équilibre. L'Algérie a réussi à maintenir durablement une bonne adéquation de sa politique de change, par rapport à ses voisins du Maghreb. Son taux de change réel est actuellement proche du taux d'équilibre sur le long terme (FMI) même si la valeur externe du dinar subit depuis 2013 la volatilité accrue des marchés de change, en raison des risques qui pèsent sur les perspectives à court terme de l'économie mondiale.

Abdallah (2004) a montré que depuis le début des années soixante, l'évolution des taux de change réel a suivi deux étapes : une phase d'appréciation jusqu'au milieu des années 1980 et une phase de dépréciation depuis. Seuls deux pics peuvent être remarqués : un écart de 8 % en 1988 et un écart de - 8 % en 1991. Ces deux années correspondent à des événements majeurs pour le pays :

- En 1988, des émeutes populaires ont éclaté dans le pays et ont impacté négativement l'économie avec parallèlement la baisse du prix du pétrole survenue avec la fin du conflit entre l'Iran et l'Irak et le contre choc pétrolier de 1986. Le pouvoir politique a maintenu le taux de change à un niveau qui ne se justifiait pas dans le climat économique et politique du moment.
- En 1991, l'Algérie est marquée par le début de la guerre civile dans un contexte international tendu et en dépression. Cela s'est traduit par un comportement (pessimiste) de sur-réaction de la part des agents économiques.

La valeur du dinar a accusé de fortes chutes en 2013 puisqu'entre juin et octobre, la monnaie algérienne a connu une dépréciation de l'ordre de 9 %. La chute de la valeur de la monnaie nationale par rapport à l'euro et au dollar s'explique par le différentiel d'inflation entre l'Algérie et le reste du monde.

La faible inflation (1,92 %) de 2014 aurait pu laisser espérer que la valeur du dinar continue de s'apprécier, mais dès 2015 les indices des prix à la consommation repartent de plus belle, une hausse tirée par les prix des biens alimentaires en général et des produits agricoles frais en particulier (9,9%).

En 2016 l'inflation atteint 5,15 % alors que le FMI, dans un rapport sur les perspectives économiques mondiales, avait prévu une inflation de 4 %.

Tableau 1 : variation moyenne de l'indice des prix à la consommation (en %), source ONS

Secteurs	2011	2012	2013	2014	2015	2016
Alimentation, boissons non alcoolisées	4,22	12,22	3,18	2,34	6,6	0,81
Habillement -chaussures	3,68	5,77	7,75	7,04	-	14,45
Logement-charges	1,38	4,52	1,59	1,24	-	5,83
Meubles et articles d'ameublement	3,51	3,89	2,68	3,45	-	5,37
Santé hygiène corporelle	4,40	4,31	4,14	4,26	-	6,85
Transport et communication	2,99	4,51	5,61	-1,57	-	12,92
Education-culture-loisirs	0,55	2,88	-2,87	7,41	-	-6,08
Divers (NDA)	14,9	13,42	0,75	-0,39	-	10,43
Taux d'Inflation	**4,52**	**8,89**	**3,25**	**1,92**	**4,8**	**5,15**

Selon le rapport *Cost of Living Index for Country 2015*, malgré cette inflation en hausse, le coût de la vie en Algérie est l'un des plus bas du monde, mais le pouvoir d'achat y est faible. Le dinar est une devise réglementée et non convertible, sa valeur n'est pas le résultat du jeu du marché. Ainsi, lorsque le cours du dollar baisse par rapport à l'euro, le dinar devrait s'apprécier par rapport au dollar, mais la Banque d'Algérie dévalue sa devise pour des raisons politico-économiques : dévaluer le dinar par rapport au dollar provoque une augmentation artificielle des recettes fiscales des hydrocarbures. Depuis 1992, le taux de change du dinar vis-à-vis du dollar a connu une dévaluation de plus de 300 % : de 25 dinars pour un dollar contre 80 actuellement. Lorsque le taux de change passe de 79 dinars contre un dollar (juillet 2014) à 80 dinars un dollar (août 2014), les recettes d'hydrocarbures, exprimées en dinars, augmentent de 1,01 %. Non seulement le déficit semble se réduire, mais parallèlement les recettes du Fonds de régulation des recettes[1] augmentent.

La dépréciation de la monnaie a aussi des inconvénients liés aux incidences sur les prix à l'importation. La question qui se pose alors est de savoir combien de temps les recettes pétrolières suffiront à couvrir les dépenses d'importation. Si l'on reprend les chiffres publiés par le Centre national algérien de l'informatique et des statistiques, l'excèdent de la balance commerciale, au premier trimestre 2014, est de 2,6 milliards de

[1] Selon l'institut mondial des fonds de souveraineté (SWF Institute), basé à Las Vegas, le Fonds de régulation des recettes de l'Algérie (FRR) est classé parmi les 15 premiers fonds souverains à travers le monde en termes de montant.

dollars contre 3,3 milliards de dollars pour la même période 2013. Ces résultats dégagent un taux de couverture des importations par les exportations de 119 %. La Banque d'Algérie peut continuer d'utiliser l'outil de la dévaluation tant que ce taux de couverture le lui permet. Il reste donc encore une petite marge de manœuvre au pays, mais elle se réduit. En effet, alors que le taux de couverture était de 107 % en 2014, il est tombé à 73% en 2015. L'excédent commercial de 4,31 milliards de dollars en 2014 a cédé la place à un déficit de 13,71 milliards de dollars en 2015.

Le secteur industriel algérien, hors hydrocarbures, ne constitue que 5 % du produit intérieur brut. La production industrielle hors hydrocarbure du secteur public algérien connaît une croissance timide de 2,2 % en 2013 (contre 5,5 % en 2012) ; elle est fortement orientée vers le secteur des ressources naturelles comme les mines et les carrières (sel et sable). La production agricole arrive difficilement à dépasser la barre des 9 %, malgré les fortes subventions accordées par l'État. Cette faible part de l'industrie manufacturière et de l'agriculture dans la formation du PIB montre l'effet d'éviction au profit des hydrocarbures et met en évidence l'absence de stratégie de substitution aux importations qui pénalise les activités productrices de richesses. On note toutefois l'implantation récente (inauguration le 10 novembre 2014) du premier site Renault en Algérie, près d'Oran, où seront fabriqués 25 000 véhicules chaque année.

Évolution du commerce extérieur entre 2014 et 2015

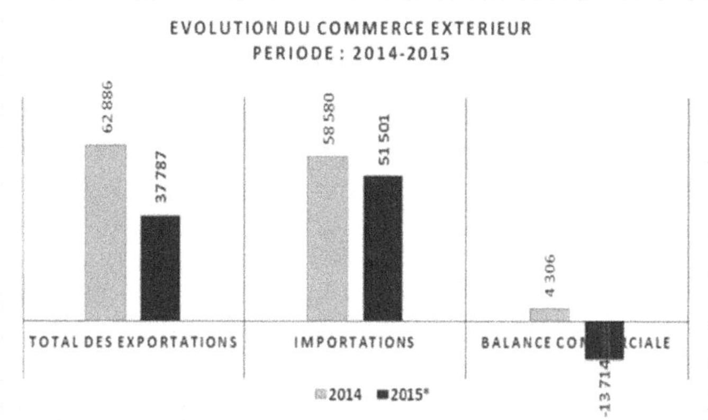

Source : ANDI (Agence nationale de développement de l'investissement).

Le secteur agricole est le talon d'Achille du pays. Alors que l'Algérie dispose d'un réel potentiel agricole qui pourrait offrir d'importantes perspectives en matière d'activités et d'emplois (actuellement 20 % de l'emploi total provient du secteur agraire), et conduire vers l'autosuffisance alimentaire, ses importations de produits agricoles ont augmenté de 18 % sur le premier semestre 2013. Le pays se situe, selon une étude de *l'Economist*

Intelligence Unit, au 73e rang sur 105 pays en matière de sécurité alimentaire. À titre de comparaison avec les pays voisins, le Maroc se situe à la 59ème place et la Tunisie à la 50ème. Sept produits représentent à eux seuls 78 % de la facture de l'Algérie. Il s'agit des produits céréaliers, des sucres et sucreries, des légumes secs, des produits laitiers, des huiles alimentaires brutes, des cafés et thés, et des viandes. En 2012, ces produits représentaient 85 % des importations. Le problème s'est aggravé avec l'introduction d'une aviculture intensive qui nécessite de grosses quantités de céréales. Une partie importante des ressources pétrolières est destinée à régler les factures. En 2013, une hausse de 657 millions a porté l'addition à plus de 5 milliards de dollars. L'Algérie est en train de manger son pétrole[1] !

Il est indéniable que la transition de l'Algérie vers une économie hors hydrocarbures, devient une nécessité impérieuse et met à l'ordre du jour, avec encore plus d'acuité, l'urgence d'un certain nombre de réformes structurelles (Lamiri, 2013) et institutionnelles (Labaronne, 2013).

En théorie, pour reprendre les termes de l'encadré du rapport sur le commerce mondial 2010[2], il est possible d'écrire que :

l'abondance relative en ressources naturelles immobiles et rares (comme le pétrole) offre un avantage comparatif indéniable qui influe sur la structure du commerce international (Leamer, 1985), mais lorsque l'extraction de la ressource est difficile ou techniquement complexe, il faut des facteurs de production complémentaires, comme la technologie, le capital et la main-d'œuvre qualifiée. Des variables comme l'éducation, l'infrastructure et les institutions influent également sur la structure sectorielle du commerce des ressources naturelles (Lederman et Xu, 2007). C'est seulement lorsque ces autres déterminants de l'avantage comparatif sont présents qu'un pays possédant une ressource en abondance aura tendance à l'exporter vers les pays relativement riches en capital et en main-d'œuvre qualifiée et à importer en échange des biens à forte intensité de capital.

Si le FMI projette une croissance de 4,3 % jusqu'en 2060, c'est surtout grâce aux résultats de l'activité hors hydrocarbures. Donc il convient de transformer la richesse virtuelle des 200 milliards de dollars de réserves de change en richesse réelle, de diversifier l'économie algérienne et d'attaquer de front le problème agricole. Cela passe par l'exhortation de l'entreprise « créatrice de richesses » et ses soubassements (le financement et la formation), par un allègement des contraintes bureaucratiques étouffantes, par la mise à disposition du foncier, par l'adaptation du système socio-éducatif à son environnement. Se pose alors la question de son adhésion à l'OMC : doit-elle être le « prétexte » à une libéralisation de l'économie ou l'aboutissement d'un processus de

[1] B. Benyoucef, « La descente en enfer de l'agriculture algérienne », 14 juin 2013, Le Quotidien d'Algérie.
[2] https://www.wto.org/french/res_f/booksp_f/anrep_f/wtr10-2c_f.pdf

changement qui permettrait à l'Algérie d'arriver dans de bonnes conditions sur la scène internationale ?

5.2. L'adhésion à l'OMC : une analyse qualitative des coûts et des avantages

Le 3 juin 1987, l'Algérie déposait sa demande d'accession auprès du secrétariat du GATT. De 1988 à 1992, le dossier algérien sera laissé en attente. L'Algérie décide alors d'organiser, en février 1993, une conférence sur son adhésion au GATT, mais les garanties offertes par Alger n'ont pas réussi à convaincre et le gouvernement algérien s'est vu opposer une fin de non-recevoir à sa requête. En avril 1994, lorsque l'OMC succède au GATT, l'Algérie devient membre observateur. Et malgré les différentes négociations qui se sont tenues depuis, elle continue d'observer...

Le début des discussions entre l'Algérie et le GATT date de 1987, mais ce n'est que bien après la conclusion d'un Programme d'Ajustement Structurel (PAS) avec le Fonds Monétaire International (FMI) en 1994, que les négociations ont réellement commencé. La dégradation de l'environnement économique et politique de l'Algérie au début des années 90 a considérablement ralenti les choses et les gouvernements qui se sont succédé entre 1992 et 1997 ont établi des restrictions au commerce et aux paiements. L'importation d'une quinzaine de denrées alimentaires fut interdite, pour une vingtaine de produits, l'importateur devait signer un cahier des charges préparé par le ministère du Commerce, cent sept produits manufacturés virent leur importation limitée pour protéger la production nationale et pour d'autres produits, l'importateur ne pouvait importer que sur la base de moyens personnels de paiement convertible sans appel à un financement auprès des banques nationales. À partir de 1994, date de la signature de l'accord avec le FMI, les restrictions ne s'appliquèrent plus que pour des raisons de sécurité ou des raisons religieuses, puisque le gouvernement s'était engagé, dans le cadre du Programme d'ajustement structurel (PAS) à mettre en place une politique de libéralisation et à entamer une réforme de grande envergure du système commercial. En 1996, le gouvernement algérien déposa un premier mémorandum sur le régime juridique du commerce extérieur, suivi d'un second plus détaillé en 2001. D'interminables discussions commencèrent alors avec l'OMC. La France et les États-Unis ont financé des missions d'experts pour aider l'Algérie à formuler ses réponses aux questions de l'OMC, malgré cela le processus d'adhésion piétine.

Plusieurs éléments de réponse peuvent être avancés pour expliquer ce retard. Tout d'abord, la situation insécuritaire complexe de l'Algérie dans les années 1990 a figé les préoccupations sur la recherche de solutions à cette crise plutôt que sur le dossier OMC. Ensuite, l'envolée de la dette extérieure algérienne entre 1990 et 1995 (presque 120 % du PIB en 1995 contre 9,2 % en 2013) a conduit à la mise en place d'un PAS qui a orienté les priorités vers un assainissement des finances. Parallèlement l'OMC venait succéder au GATT et de nouvelles mesures plus contraignantes et plus complexes étaient mises en place, éloignant encore plus l'Algérie de son objectif d'adhésion. À ces difficultés s'ajoutent les actions de certains lobbies d'importation, notamment des secteurs agroalimentaire et pharmaceutique, liés à l'économie souterraine et mafieuse, qui craignent que l'ouverture à une plus grande concurrence ne compromette leurs intérêts. Le marché informel et le commerce des produits de contrefaçon, prolifique en Algérie, seraient entravés par la nécessité de respecter des normes de qualité et des règles de certification d'origine. Selon une étude du Groupe pour la Protection des Marques, la contrefaçon fait perdre chaque année plus de 20 milliards de dinars (236 millions d'euros) à l'économie algérienne.

Enfin, structurellement, l'économie algérienne n'est pas prête. La difficulté que connaît l'Algérie à fonctionner dans le cadre de son accord d'association avec l'Union européenne le montre. Elle fut récemment contrainte de demander une révision du démantèlement tarifaire prévu dans le cadre de cet accord afin de rétablir (ou de geler au moins pour un certain temps) des droits de douane dans le but d'aider à la restructuration et à la mise à niveau des entreprises algériennes.

Les avantages que l'Algérie pourrait retirer d'une adhésion à l'OMC sont nombreux :

- Le premier avantage tient au fait que l'OMC offre un cadre de fonctionnement formel et transparent.

- le deuxième a des fondements théoriques dans la mesure où les théories sont fortement convergentes sur le fait que l'intégration au commerce international se traduise par des gains. Ces gains correspondent à des diminutions de coûts commerciaux et aussi à des gains d'efficience liés à l'apprentissage.

- Enfin, et sur un plan plus spécifique, l'Algérie peut trouver dans l'adhésion à l'OMC une incitation à l'accélération des réformes structurelles nécessaires à la modernisation de son fonctionnement.

En face, trois grandes catégories d'inconvénients peuvent être distinguées : – la première est celle de la pression concurrentielle qui va peser sur une économie algérienne, bien que récemment marquée par un certain dynamisme, reste fragile.

-la deuxième relève des effets associés aux coûts de l'adoption de la procédure de la facilitation des échanges.

Comme l'indique la synthèse que propose *l'Obervateur* de l'OCDE (2005), « *les coûts liés à la mise en place de mesures de facilitation des échanges concernent essentiellement les nouvelles réglementations, les changements institutionnels, la formation ; les équipements et les infrastructures »*[1].

- Enfin, spécifiquement pour l'Algérie et pour tout pays exportateur de matières premières, les règles de l'OMC ne sont pas spécialement conçues pour réglementer le commerce international des ressources naturelles et encore moins lorsque celles-ci sont à l'origine d'une rente pour le pays qui en dispose.

5.2.1. Les gains attendus de l'ouverture au commerce international vs incapacité à faire face à la concurrence

Être membre de l'OMC permet de bénéficier des accords multilatéraux tels que la clause de la nation la plus favorisée, la lutte contre le dumping, la réduction des barrières tarifaires et la suppression des barrières non tarifaires. L'adhésion ouvre l'accès à l'Organe de règlement des différends (ORD) qui garantit un règlement impartial des contentieux commerciaux. En contrepartie de la soumission à l'accord général, l'OMC apporte certaines garanties : périodes plus longues pour la mise en œuvre des accords et des engagements, mesures visant à accroître les possibilités commerciales des pays en développement, dispositions exigeant de tous les membres de l'OMC qu'ils préservent les intérêts commerciaux des pays en développement, aide à la mise en place des infrastructures nécessaires pour participer aux travaux de l'OMC, pour appliquer les normes techniques.

Selon une étude de l'OCDE, effectuée par Moïsé et *al.* (2011), les mesures de facilitation des échanges négociées à l'OMC permettent de réduire les coûts commerciaux totaux de près de 10 %. L'accroissement de la pression concurrentielle liée à l'ouverture favorise l'amélioration de la qualité des produits et des services et la baisse des prix. Elles auraient aussi pour conséquence d'augmenter les recettes publiques et la productivité des douanes, d'améliorer le recouvrement des taxes et d'attirer l'investissement étranger direct : autant d'éléments en faveur d'une meilleure allocation des ressources.

Il a été établi que les avantages d'une adhésion à l'OMC sont particulièrement importants pour les pays en développement. Ces pays obtiennent jusqu'à deux tiers du total des gains résultant de la facilitation des échanges (OCDE, 2009) et bénéficient du système généralisé de préférence commerciale accordé par les pays développés. Ainsi, par exemple, les États-Unis dans le cadre de négociations bilatérales avec l'Algérie ont accordé des exonérations ou des réductions tarifaires pour l'accès au marché américain à plus de 3 000 produits algériens. Il s'agit principalement de produits agroalimentaires et artisanaux dont le taux d'intégration en produits algériens est généralement de 50 au lieu du seuil de 40 %.

---

[1] OCDE, 2005, Coûts et avantages de la facilitation des échanges, *Synthèses, L'observateur de l'OCDE*, novembre, pp 5-6

L'entrée de l'Algérie au sein de l'OMC se traduirait donc par un allègement des procédures de dédouanement et permettrait de fixer la législation commerciale, de consolider et de stabiliser les tarifs douaniers. Plusieurs défis sont toutefois à relever pour faire face à la pression concurrentielle et pour que les gains de l'ouverture soient à la hauteur des attentes du pays.

Pour faciliter ses échanges à l'international, l'Algérie a créé en 2004 l'Agence Nationale de Promotion du Commerce extérieur : Algex. Cette agence, placée sous la tutelle du ministre du Commerce, a pour mission principale de développer les exportations hors hydrocarbures et d'aider les entreprises à connaître et à comprendre les règles et les pratiques du commerce international. Pour que l'Algérie bénéficie des avantages de cette ouverture, il faut que ses exportations augmentent, mais selon Algex, l'Algérie ne tire pas profit des ALE conclus avec plusieurs pays, car les produits algériens ne satisfont pas les normes internationales. L'Algérie a beaucoup de difficultés à placer ses produits industriels ; ses produits agricoles frais et agroalimentaires sont certes distribués sur le marché européen, mais en faible quantité. Si le potentiel à l'exportation existe en termes de disponibilité, il ne répond pas toujours aux exigences de qualité et d'emballage. Pourtant, selon le ministère du Commerce, le potentiel national à l'exportation dans le seul secteur public est évalué à près de 3 milliards de dollars pour 121 produits identifiés.

5.2.1.1. Remédier à la faiblesse du secteur industriel algérien

Le secteur qui a le plus à craindre de l'intensification de la concurrence internationale est très certainement l'industrie, car l'Algérie n'a pas de traditions industrielles ancrées et le secteur industriel algérien reste majoritairement entre les mains de l'État, bien que la part du secteur privé se développe dans le domaine des hydrocarbures. Le secteur industriel algérien est sans doute le secteur qui a connu le plus de désinvestissements (Lakhoua, 2009). Son poids dans l'économie du pays n'a fait que chuté passant à 5 % actuellement, contre 7,5 % en 2000 et près de 15 % dans les années 1970. La phase de privatisation qui a débuté en 1988 a contribué à l'émergence de grands groupes privés parmi lesquels on peut citer : le groupe Cevital (dans l'agroalimentaire), le groupe Mehri (hôtellerie et agroalimentaire), le groupe Haddad (travaux publics, hydraulique et transports), le groupe Rahim (conglomérat présent dans la pharmaceutique, la banque, les technologies de l'information, la grande distribution, l'hôtellerie, l'immobilier d'affaires et l'assurance), le groupe Benamor (agroalimentaire), le groupe Othmani (propriétaire de Coca-Cola Algérie), le groupe Benhamadi (informatique, électronique, électroménager), le groupe Hasnaoui (bâtiment et agriculture). Les réformes économiques et institutionnelles menées dans le cadre du PAS (1995) ont entraîné la privatisation de la plupart des activités et certains secteurs ont réalisé des progrès notables (chimie, pharmacie, matériaux de construction, mines et carrières, industries agroalimentaires) et révélé un certain dynamisme de l'économie algérienne. Mais, une décennie et demie (1995-2010), le pays n'est parvenu à privatiser qu'un peu moins de 400 entreprises sur les 1200 prévues au départ qui, de surcroît, ne représentaient que 1,25 % du parc des entreprises (Labaronne, 2013). Selon une étude de Mebtoul[1] (2013), même les grands groupes privés souffrent de la concurrence étrangère et afin d'équilibrer leurs comptes, se rabattent sur les filières d'importation. Ainsi, plutôt que d'être productives, les usines sont transformées en zone de stockage pour les produits importés. Là où le secteur public bénéficie de la rente pétrolière, le secteur privé profite de la rente de la filière d'importation.

Au final, la politique de privatisation fut peu visible ; si le secteur privé réalise 80 % de la valeur ajoutée hors hydrocarbures du pays, il ne participe qu'à 2 % ou 3 % du total des exportations contre 97 % ou 98 % pour la Sonatrach. Elle n'a pas permis de rétablir le déséquilibre financier profond qui pèse sur le secteur industriel et que la faiblesse des investissements ne peut compenser. La part du secteur privé dans l'investissement global est négligeable, de l'ordre de 1,9 % du total de l'investissement depuis 2010. Les données sectorielles disponibles montrent une diminution des IDE à moyen terme. S'établissant à 1,48 Mds en 2012 (Stocks d'IDE : 23 264 millions USD), les flux entrants d'IDE en Algérie ont diminué de - 42 % par rapport à l'année précédente (CNUCED). Cette baisse s'inscrit dans le contexte plus large du faible dynamisme des flux d'IDE mondiaux en 2012, en diminution de - 18,2 % par rapport à 2011, mais ils sont également découragés par la loi de finances de 2009 qui impose la règle des 51/49 selon laquelle les parts détenues par les investisseurs étrangers ne peuvent dépasser 49 %. Cette règle s'appliquait jusque-là au seul secteur pétrolier, mais elle a été généralisée aux autres secteurs. Idéalement, cette forme de protectionnisme qui impose aux entreprises étrangères de trouver un partenaire algérien permettra les transferts de technologies, de savoir-faire et de compétences nécessaires au développement d'une offre algérienne. À l'inverse, elle peut décourager les investissements et compromettre la diversification souhaitée.

En conséquence, l'État œuvre à l'augmentation de la productivité de ses entreprises publiques et envisage de faire entrer en bourse dès 2014 huit grandes sociétés en raison de leur solidité financière : Le Crédit Populaire d'Algérie (CPA), 3 cimenteries du groupe industriel des ciments d'Algérie (GICA), la compagnie d'assurance CAAR, de Cosider Carrières, filiale du groupe public du BTP, de l'entreprise Hydro aménagement et de l'opérateur de téléphonie mobile Mobilis. Le Conseil de participation de l'État prévoit la création (avant fin 2014 !) d'une dizaine de grands groupes industriels

---

[1] http://www.alterinfo.net/Les-veritables-milliardaires-en-Algerie-sont-ils-au-niveau-de-la-sphere-reelle_a92804.html

« performants et compétitifs dans leurs secteurs respectifs en partenariat avec des leaders mondiaux ». L'institut de prospective économique du monde méditerranéen avance l'idée d'une alliance Nord-Sud basée sur la coproduction industrielle pour insuffler une nouvelle dynamique de croissance industrielle et adapter les stratégies à la complexité de la région (Weigert, 2014).

La difficulté à se confronter à la concurrence internationale et à aborder de face la dynamisation de la production compromet l'acquisition d'autres types de gains : les gains d'efficience liés aux exportations. Plusieurs travaux (Clerides, Lach et Tybout, 1998 ; Bernard et Jensen, 1999) ont étudié le « *learning by exporting* » et montré les effets d'apprentissage des exportations sur l'entreprise. L'hypothèse de départ est fondée sur l'idée qu'exporter procure des gains d'efficience qui vont se traduire par une amélioration de la productivité des entreprises qui entrent sur le marché international, mais aussi, par le biais d'externalités positives, des firmes non exportatrices dans la région où l'industrie est concernée. Toutefois, si l'on se réfère aux travaux de Ben Rejeb (2009) sur les effets de la libéralisation commerciale sur la productivité du travail en Tunisie, l'impact n'est pas aussi positif pour ce pays du Maghreb que l'on peut rapprocher de l'économie algérienne. Il montre que seules les firmes les plus productives vont entrer sur les marchés d'exportations et qu'un effet négatif sur la productivité du travail est observé suite à l'entrée sur les marchés d'exportation en raison de la complexification des procédures et processus. Ainsi, le fait de participer au commerce international ne garantit pas à lui seul une meilleure performance ; il n'y aurait donc pas, pour ce pays, d'effet d'apprentissage par les exportations. Une exposition plus grande à la concurrence internationale et la lenteur d'ajustement des entreprises peuvent expliquer ce résultat.

Une des solutions à ces difficultés serait de développer le tourisme international, les ressources naturelles du pays étant tout à fait remarquables et peu connues au niveau international. L'activité touristique est un facteur de développement particulier, car, bien maîtrisé, il a les avantages d'une industrie en termes d'emplois, d'aménagement et d'infrastructures, d'entrées de devises, mais il permet en plus de valoriser le patrimoine, de fixer les populations locales, de dynamiser les initiatives locales dans la mesure où le lieu associé à un servie constitue le produit (Donsimoni, Bensahel 1999). De plus, ses exportations ne sont pas exposées de la même façon à la concurrence internationale puisqu'elles consistent à accueillir les touristes étrangers. Le tourisme nécessite toutefois des investissements lourds (que les émirats ont déjà commencé de financer) et un contexte politique apaisé. Malgré l'intention exprimée par le gouvernement de favoriser l'activité touristique, la destination algérienne reste encore largement cantonnée à la diaspora, les arguments politiques arrivant en tête des raisons pour lesquelles l'Algérie n'est pas (encore) une destination attractive sur le plan touristique.

5.2.1.2. Être en mesure de compenser l'augmentation des coûts de transaction

La baisse des coûts commerciaux est à mettre en balance avec l'augmentation des coûts liés aux nouvelles formalités douanières qui s'imposeront avec l'adhésion. Une étude de l'OCDE sur la politique commerciale (2009) a mis en évidence l'apparition de coûts de transactions découlant de la complexité associée à l'augmentation des échanges internationaux. La réduction des obstacles tarifaires et la libéralisation des échanges s'accompagnent de formalités douanières plus strictes et plus nombreuses. Les coûts de transaction correspondent aux dépenses relatives à la fourniture d'informations et de documents à l'autorité concernée (entre 2 et 15 % de la valeur des produits échangés) ; ils augmentent avec la lenteur des procédures qui se traduit par des frais de stockage, des dévalorisations ou des détériorations (de 1 à 24 % de la valeur des produits échangés). Ces coûts diffèrent selon l'efficacité et l'intégrité des entreprises et des administrations qui travaillent ensemble, les caractéristiques ou la nature des produits, et la taille et la catégorie des entreprises.

Les différences de coûts sont liées à la qualité des procédures douanières, laquelle résulte des efforts déployés par les pouvoirs publics pour faciliter l'ouverture. Les mesures mises en place pour faciliter les échanges sont susceptibles de diminuer les coûts des opérations d'importation et d'exportation. Dans les pays en développement, le potentiel d'amélioration résultant de la facilitation des échanges est relativement grand dans la mesure où ces pays ont globalement des services douaniers moins efficaces ; les possibilités d'amélioration sont donc plus importantes. D'après l'OCDE, attendu que les importations et les exportations entrent pour une part relativement élevée dans l'économie de nombreux pays en développement, la facilitation des échanges a une forte incidence dans la réduction des coûts de transaction. Ainsi, presque 20 % des gains totaux sont dus à une réduction des coûts directs des opérations commerciales et plus de 80 % des avantages proviennent de réductions des coûts de transaction indirects et correspondent à un gain d'efficience des activités commerciales. Les estimations de l'accroissement potentiel à moyen terme de revenus résultant de la facilitation des échanges donnent un chiffre de l'ordre de 2 à 3 % de la valeur totale des produits échangés (CNUCED, 1994).

Dans le cadre du projet *Doing Business*(DB) 2015, la Banque Mondiale a collecté et comparé des données sur 189 pays. S'agissant plus précisément des coûts et procédures nécessaires pour l'import et l'export d'un chargement standard, elle est au 131ème rang. L'indicateur « Distance de la frontière » (DDF) pour le commerce transfrontalier est de 64,21. Cette mesure permet d'observer l'écart entre le rendement d'une économie par rapport à une « frontière » qui représente la meilleure performance observée à travers l'ensemble des pays couverts par *Doing Business*. Le score permet d'évaluer, au fil du temps, la performance absolue d'une économie en matière de réglementation des affaires et son amélioration associée. Cet indicateur est calculé sur une échelle de 0 à 100, où 0 représente la performance la plus basse et 100 représente la « frontière ». Ainsi, plus un pays est éloigné de la frontière moins il est facile d'y faire des affaires. Avec un score de 64,21 l'Algérie est à 35,79 points de pourcentage de la meilleure performance enregistrée sur l'ensemble des économies mesurées à travers le temps. Ses performances se sont améliorées de 0,47 point de pourcentage par rapport à 2013, même si à la lecture des tableaux ci-dessous, on constate que des progrès restent encore à réaliser.

Tableau 2 : Commerce transfrontalier

Indicateur	**Algérie**	**Moyen-Orient et Afrique du Nord**	**OCDE**
Documents nécessaires à l'exportation (nombre)	8	6	4
Délai nécessaire à l'exportation (jours)	17	19,4	10,5
Coûts à l'exportation ($ par conteneur)	1270	1166,3	1080,3
Documents nécessaires à l'importation (nombre)	9	8	4
Délai nécessaire à l'importation (jours)	26	23,8	9,6
Coûts à l'importation ($ par conteneur)	1330	1307	1100,4

Les défaillances du système douanier algérien sont plus visibles du côté des procédures d'importation. Il est plus « rentable » de contrôler les importations que les exportations et de faire traîner les démarches, car les opportunités de pots de vin sont plus nombreuses que pour les exportations qui concernent presque exclusivement la Sonatrach.

Depuis le 1er septembre 2007, la douane algérienne met à exécution l'article 9 des accords fixés entre l'Algérie et l'Union Européenne. Une nouvelle approche de la relation douane-opérateur est censée en résulter : facilitation douanière (réduction des délais de dédouanement, transit simplifié), personnalisation des solutions, dématérialisation des formalités, allégement des frais financiers. Mais une étude récente menée par des chercheurs du CREAD (Kadi et *al.*, 2016) sur la relation douane-usagers en Algérie montre que, bien que des efforts soient réellement observés, les procédures de dédouanement restent lentes et entachées de corruption, et le déficit informationnel persiste.

Certes, les coûts de transaction ne peuvent être totalement éliminés dans la mesure où des contrôles douaniers restent nécessaires pour veiller à l'application des réglementations, mais des procédures plus rapides et plus efficaces s'imposent encore dans l'intérêt des consommateurs et des producteurs.

Dans une étude des procédures douanières dans l'UE, Ernst et Whinney (1987) ont montré que les entreprises de moins de 250 salariés encourent des coûts de transaction par envoi supérieurs de 30 à 45 % à ceux des grandes entreprises. Cela s'explique par le fait que les PME exportent moins souvent et ne sont pas en mesure de participer aux « procédures simplifiées » qui réduisent les coûts de transaction. Les petites entreprises qui procèdent moins souvent que les grandes à des opérations internationales présentent plusieurs inconvénients : i) elles tendent à avoir moins de personnel spécialisé, si bien qu'elles doivent consacrer relativement plus de ressources à l'acquisition de connaissances sur les formalités commerciales et à l'administration des procédures douanières ; i) leurs réserves financières sont généralement moindres, aussi des délais imprévus aux frontières peuvent affecter leur trésorerie et les contraindre à rechercher un financement coûteux ; et iii) souvent peu connues des autorités douanières, elles risquent d'être classées dans une catégorie à haut risque et d'être plus fréquemment assujetties à des contrôles coûteux (OCDE,2002).

Tableau 3 : Procédures d'exportation et d'importation

Procédures d'exportation			**Procédures d'importation**	
Nature	**Délais (jours)**	**Coûts ($)**	**Délais (jours)**	**Coûts ($)**
Préparation des documents	8	460	10	330
Dédouanement et inspection technique	4	100	8	200
Manutention au port	2	310	6	400
Transport terrestre et manutention	3	400	2	400
Total	17	1270	26	1330

Source : Le Groupe Banque Mondiale, 2014.

La prédominance de l'importation constitue un piège pour l'économie algérienne, car elle est facile et surtout plus lucrative que l'activité industrielle ; elle ne nécessite pas d'équipements techniques très sophistiqués ni un savoir-faire particulier. « Comment voulez-vous que les gens investissent dans l'industrie avec des marges qui oscillent entre 10 et 15 % alors que l'importateur se fait un bénéfice de 80, voire 90 % ? » s'interroge Zaim Benssassi, le Président du Conseil national consultatif pour la promotion des PME[1]. Cet écart entre les bénéfices privés et les bénéfices sociaux met en évidence la divergence intérieure (Meade[2], Bhagwati[3]) qui marque l'Algérie, divergence qui se transforme même en distorsion sous le poids des pratiques de l'économie informelle et de la corruption. Au problème structurel du tissu productif s'ajoute le problème institutionnel qui se traduit par une certaine inefficacité. Ainsi, en 2012, un des anciens directeurs d'Algex, M. Bénini, avait suggéré de rendre Algex indépendante du ministère du Commerce, car, selon lui, « mise sous la tutelle du ministère du Commerce, cette agence n'a aucune autonomie et elle n'a pas de budget d'activités »[4]. Il est rejoint sur ce point par le secrétaire général du ministère du Commerce, El-Hadi Mekboul, qui constate également une certaine inefficacité de cet organisme : « Algex doit mieux maîtriser la connaissance des marchés extérieurs et assurer un meilleur appui aux exportations nationales ». Dynamiser l'entreprise pour la préparer aux turbulences de la mondialisation implique de la laisser maître de ses décisions dans un contexte où l'urgence est parfois nécessaire.

Pour accéder aux marchés extérieurs, il faut accepter la disparition (ou la diminution) des barrières tarifaires et non tarifaires. Or, les pays maghrébins affichent des niveaux de barrières non tarifaires (BNT) très élevés comparés à d'autres pays. Des équivalents *ad valorem* pour les BNT ont été calculés par Ghoneim et *al* (2012) à la suite des travaux de Kee et *al* (2009). Ces équivalents sont de l'ordre de 35 % pour l'Algérie, 23 % pour la Tunisie et le Maroc, niveaux parmi les plus forts de l'échantillon des pays étudiés par les auteurs.

5.2.2. Un cadre formel et transparent vs économie informelle et corruption

Adhérer à l'OMC consiste à en adopter les principes de fonctionnement pour un commerce sans discrimination et un environnement stable et prévisible : clause de la nation la plus favorisée, traitement national, libéralisation du commerce par voie de négociation, consolidation et transparence. L'accord du Cycle d'Uruguay a prévu l'examen, par l'OMC, des politiques commerciales des pays membres. Ce plébiscite de la transparence s'impose à l'économie algérienne qui peine encore à se sortir des lourdeurs et entraves de sa bureaucratie, d'un système financier très

---

[1] http://archive2013.maghrebemergent.info/component/k2/l-algerie-a-besoin-de-2-millions-de-pme-pour-realiser-un-taux-de-croissance-appreciable-zaim-bensaci.html

[2] Cf Mead J.E.(1955), *Trade and Welfare*, Oxford University Press

[3] Jadish Bhagwati a abordé cette distorsion dans plusieurs de ces travaux, cf. Bhagwati, J.N. (1980). *Lobbying and welfare. Journal of Public Economics*. 14 (December):355-363. Bhagwati, J.N. (1982). Directly unproductive, profit-seeking (DUP) activities, *Journal of Political Economy*. 90 (October):988-1002.

[4] *Algérienews*, novembre 2012.

administré (plus de 90 % des crédits octroyés sont le fait de banques publiques) et des dérives de l'économie informelle.

5.2.2.1. Des entraves à la dynamisation de l'entreprise

Selon les données de l'ONS, le nombre d'entreprises recensées sur le territoire algérien en 2011 a atteint 990 496 entités ; 95 % d'entre elles sont des personnes physiques (micro entreprises) et plus de 83 % exercent dans le secteur tertiaire (qui exporte peu).

Le gouvernement s'était fixé comme objectif d'atteindre le nombre de 2 millions d'entreprises en 2014, mais les conditions de création d'une entreprise en Algérie restent encore handicapantes. Le pays est au 141ème rang (elle a perdu deux places par rapport à 2013) dans le classement DB 2015.

Tableau 4 : Les contraintes pour la création d'entreprises

Indicateur	**Algérie**	**Moyen-Orient et Afrique du Nord**	**OCDE**
Procédures (nombre)	13	8	4,8
Délai (jours)	22	18,9	9,2
Coût (% du revenu par habitant)	11	28,1	3,4
Capital minimum versé (% du revenu par habitant)	24,1	45,6	8,8

Source : Le Groupe Banque Mondiale, 2014.

Les procédures et les coûts de création d'une entreprise en Algérie sont lourds par rapport aux pays de l'OCDE : le nombre de procédures nécessaires est presque trois fois plus important ; les délais d'immatriculation sont de trois semaines contre à peine 10 jours dans les pays de l'OCDE. Le coût est trois plus élevé. Le capital minimum - qui correspond à la somme que l'entrepreneur doit déposer dans une banque ou auprès d'un notaire avant son enregistrement et pour un délai allant jusqu'à 3 mois après la constitution de son entreprise – représente 24,1 % du revenu par habitant contre 8,8 % dans les pays de l'OCDE. L'indicateur DDF pour la création d'entreprises est 74,07 (en progrès par rapport à 2013 : 73,11) : l'Algérie est à 25,93 points de pourcentage de la meilleure performance.

Concernant le paiement des taxes et des impôts, l'Algérie est au 176ème rang ; elle a perdu deux places dans le classement par rapport à 2013. Son indicateur DDF est de 41,63 c'est-à-dire à 58,37 points de pourcentage de la meilleure performance.

Tableau 5 Paiement des taxes et des impôts

Indicateur	Algérie	Moyen-Orient et Afrique du Nord	OCDE
Paiement (nombre par année)*	27	17,4	11,8
Délai (heures par année)**	451	220,4	175,4
Impôts sur les profits (%)	6,6	12,8	16,4
Impôts et charges sociales (%)	30,6	16,2	23
Autres taxes (% profit)	35,6	3,6	1,9
Total à payer (% bénéfice brut)	72,7	32,6	41,3

Source : Le Groupe Banque Mondiale, 2014.

**L'indicateur concernant le nombre total de paiements des impôts par an rend compte du nombre total d'impôts et de cotisations acquittés, du mode de paiement, de la fréquence des paiements et du nombre d'organismes qui interviennent dans un dossier normalisé pendant la deuxième année d'activités.*

***Le Délai correspond au temps qu'il faut pour préparer, déclarer et payer l'impôt sur le bénéfice des sociétés, la taxe sur la valeur ajoutée et les cotisations de sécurité sociale.*

A la lecture de ce tableau, on constate que l'Algérie malgré des performances faibles par rapport aux autres pays est attractive au niveau des impôts sur les profits des entreprises. Mais si les entreprises algériennes sont aujourd'hui relativement protégées, une fois ouvertes à la concurrence avec la suppression des obstacles au commerce international, elles devront faire face à d'énormes défis.

Dans cette optique, l'Algérie a adopté une politique de promotion et de développement de la PME, dans le but d'instaurer un réseau d'entreprises dynamiques en dehors du secteur des hydrocarbures. L'agence nationale de développement de la PME (ANDPME) est chargée de cette opération, pour laquelle plus de 386 milliards de DA ont été budgétés pour accompagner 20 000 PME, sur la période 2010-2014, dans les secteurs de l'industrie, du BTP, de la pêche, du tourisme et de l'hôtellerie, des TIC, des services et des transports. En réduisant les contraintes qui pèsent sur la création d'entreprises, le gouvernement espère favoriser l'émergence d'un climat des affaires propice à leur croissance et à leur pérennité. Mais pour protéger les nouvelles initiatives de la concurrence extérieure, l'Algérie devra sûrement instaurer des mesures protectionnistes que l'OMC risque de voir d'un mauvais œil.

5.2.2.2. Le système économique algérien parasité par l'économie informelle

Des enquêtes récentes (Transparency international, 2013[1], Puchot, 2014) alarment sur la persistance de la sphère informelle et l'aggravation de la corruption en Algérie : trafic de change (lié à la non-convertibilité de la monnaie), dilapidation de l'argent public avec les prêts non remboursés (pour un montant estimé entre 20 et 30 milliards d'euros) de l'ANSEJ, l'organisme chargé d'aider à la création d'entreprises, sur-subventions de l'énergie, incapacité à collecter les recettes fiscales. Paradoxalement, le système informel est renforcé par une législation d'un rare formalisme. L'Union générale des commerçants et artisans algériens (UGCAA) estime que l'approvisionnement de 2/3 de la population provient de la sphère informelle. Mebtoul (2010)[2] reprend quelques estimations chiffrées : selon le ministère du Travail algérien, en 2009, plus de 25% de la population active exercerait dans le secteur informel et contribuerait à 20-25% du PIB (hors hydrocarbures). Toujours pour 2009, l'Office National des Statistiques estime que la moitié de la population occupée (50,4%) n'était pas affiliée à la sécurité sociale. Ce pourcentage est encore plus important pour les salariés non-permanents (69,1 %) et les travailleurs indépendants (80,1 %). L'évasion fiscale induirait un manque à gagner de plus de 200 milliards de dinars pas an ; 80 % des transactions commerciales se font sans aucune facturation, et 70 à 80 % des transactions utilisent le « cash » comme moyen de payement. 75 % des commerçants inscrits au registre national du commerce ne payent pas leurs cotisations.

Selon la Banque d'Algérie[3], les sorties annuelles brutes de monnaie fiduciaire sont passées de 1 633,4 milliards DA en 2010 à 1 977,8 milliards DA en 2011 et à 2 475 milliards DA en 2012 (environ 24,75 milliards d'euros). La part de cette monnaie dans la masse monétaire M2 (environ 125 milliards de dollars en 2012) atteint 26,7 % en 2012 (25 % en 2010 et 25,9 % en 2011). L'économie informelle brasserait presque 50 % de la monnaie en circulation soit 62,5 milliards de dollars. Le Ministère du commerce algérien estime qu'il existe environ 12 000 sociétés écrans qui ont traité plus de 50 milliards d'euros en 2012 (plus de quatre fois le chiffre d'affaires de toutes les grandes entreprises du forum des Chefs d'Entreprises). La sphère informelle contrôle 65 % des produits de première nécessité : fruits/légumes, poisson, viande... et récupère une grande partie de la rente liée aux filières d'importation.

Cette nécessité de restructurer le tissu productif risque de prendre du

---

[1]*Transparency International* (TI) a rendu public le 9 juillet 2013, son baromètre mondial de la corruption 2013 où l'Algérie occupe le 105e rang sur les 107 pays concernés par le sondage. Aucun secteur n'est épargné.

[2]http://www.alterinfo.net/Sphere-informelle-bureaucratie-corruption-et-divorce-Etat-Citoyens-en-Algerie_a52828.html?print=1

[3]Dans sa note « Amélioration de la circulation de la monnaie fiduciaire en 2012 et 2013 ».

temps et bien que les réformes s'accélèrent actuellement leur résultat ne sera visible que sur le long terme.

5.2.3. Une accélération des réformes vs des résultats visibles sur le long terme

L'adhésion de l'Algérie à l'OMC doit impulser la mise en œuvre de réformes internes qui semblent marquer le pas, mais qui sont nécessaires pour satisfaire à la quête actuelle d'une « bonne gouvernance » (Labaronne, 2014). Cette impulsion doit s'appuyer sur les évolutions internes (émergence d'une classe moyenne de plus en plus importante, changement dans les comportements de consommation) et externes du pays (encourager les exportateurs à saisir les opportunités qui s'offriront à eux). L'économie est intégrée dans le social (Steiner, 2002) et si les formations institutionnelles qui prévalaient jusque-là étaient essentiellement administratives et informelles, de nouveaux réseaux sociaux sont nécessaires pour porter la dynamique qui s'impose. Les réformes doivent s'appuyer sur les évolutions démographiques actuelles et miser sur la richesse intellectuelle potentielle du pays.

5.2.3.1. Accompagner les évolutions démographiques

Selon la Banque mondiale (2007), pendant la période 2000-2030, la classe moyenne mondiale devrait passer d'environ un demi-milliard d'individus à près de 1,2 milliard, soit de 7,6 % à 16,1 % de la population mondiale. Toutefois, sa part dans le revenu mondial restera stable à environ 14 %, signe d'une baisse des inégalités entre les pays. En raison de la croissance inégale de la population entre les pays, la répartition géographique de la classe moyenne va se modifier. Les régions où les taux de croissance démographique projetés sont relativement plus élevés, telles que l'Asie du Sud et l'Afrique subsaharienne, verront leur part de la classe moyenne mondiale augmenter, tandis que d'autres régions verront cette part diminuer (Kharas et Gertz, 2010 ; Banque mondiale, 2007). Les politiques visant à corriger les inégalités de revenus contribuent à élargir la classe moyenne et stimuler la croissance, car l'expansion de la classe moyenne s'accompagne d'une augmentation de la demande de biens et de services plus diversifiés.

En Algérie, la renaissance des classes moyennes résulte plus de la volonté du secteur public que du dynamisme du secteur privé. Pour contrecarrer les revendications qui grondaient au moment du printemps arabe (à partir de 2011), l'État algérien a revalorisé le statut et les rémunérations des cadres du secteur public (environ 40 % de la population occupée travaille dans le secteur public en 2013). La solvabilité qui en a résulté a créé un petit boom du crédit immobilier et une forte augmentation des achats de véhicules. Les importations dans le secteur automobile ont dépassé 400 000 unités en 2011. Ainsi, le commerce extérieur est essentiel pour soutenir ce processus, mais il repose encore sur les importations ce qui aggrave encore plus le déséquilibre commercial.

5.2.3.2. Investir dans la ressource humaine

De toute évidence, la volonté d'encourager les exportations est bien là, mais la remise à niveau nécessaire exige plus de temps et d'efforts, notamment en formation et éducation. La hausse des niveaux d'instruction est une tendance importante du pays à l'instar des économies émergentes. L'Algérie consacre un important dans ce domaine (Rahmouni, 2012). La demande croissante d'éducation, combinée aux avancées technologiques, alimente l'essor du commerce de services d'éducation. De façon générale, la mobilité internationale des étudiants est la forme principale du commerce des services d'éducation. L'État algérien attribue des bourses aux doctorants pour des stages dans des laboratoires étrangers. Dernièrement, l'institution d'une meilleure protection des droits de propriété intellectuelle et l'offre d'un cadre législatif pour l'épanouissement de la recherche entendent inciter le potentiel scientifique national à rester en Algérie dans la mesure où, chaque année un chercheur sur trois quitte le pays pour s'installer à l'étranger.

5.2.4. Problème des ressources naturelles vs gestion de la rente

La question énergétique, tout comme celles liées à la libéralisation de l'accès aux ressources naturelles, a longtemps été taboue à l'OMC. Les pays concernés en faisaient une question de souveraineté nationale. Cette volonté de « disposer à leur gré, de leurs propres ressources naturelles » a été mise en avant lors de la Conférence des 75 Pays Non Alignés, qui s'est tenue à Alger en 1973 dans le cadre du Nouvel Ordre Economique International (NOEI). Les pays producteurs de pétrole voyaient l'intervention de l'OMC comme une « ingérence » internationale, et ont fait implicitement front commun pour que cette question ne soit pas abordée dans les négociations.

Les ressources naturelles posent des problèmes plus délicats à régler que les biens ordinaires, car elles sont indispensables au processus de production et elles sont éventuellement épuisables. Aussi leur extraction et leur utilisation doivent-elles être gérées de façon rationnelle afin de concilier les besoins actuels et futurs. Cela renvoie à un certain nombre d'enjeux que l'OMC a tenté de répertorier dans son Rapport sur le commerce mondial 2010. Selon ce rapport, la demande de ressources naturelles représentait 24 % du commerce total de marchandises en 2008 et elle est en augmentation. Du fait d'une répartition inégale entre les pays et de la volatilité de leurs prix, les échanges de ressources naturelles sont source de tensions internationales. Le pétrole occupe une place à part parmi les ressources naturelles. C'est le plus grand bien primaire du commerce international en termes de volume et de valeur.

Le pétrole est un bien stratégique et l'OPEP a toujours agi sans trop se préoccuper des règles commerciales multilatérales d'autant qu'actuellement, cinq de ses pays (Algérie, Iran, Iraq, Liban et Libye) ne sont pas membres de l'OMC. Lors des négociations du cycle d'Uruguay, le GATT a permis aux pays pétroliers membres d'avoir recours au mécanisme de la « dualité de prix » qui leur permet de maintenir des prix internes à des niveaux inférieurs aux prix mondiaux ou de contrôler l'accès à des sources d'énergie meilleur marché, sans que cela soit considéré comme des subventions à la production nationale. OPEP et OMC ont des logiques de fonctionnement différentes aussi est-il légitime de se demander comment un pays peut satisfaire les conditions d'adhésion à ces deux institutions alors que les fondamentaux divergent ? L'OMC interdit à ses membres de recourir à des restrictions à l'exportation, soit individuellement soit par le biais d'un accord concerté avec les autres, tandis que l'OPEP l'exige. Sur ce point, l'article XX du GATT (1994) stipule que des mesures commerciales restrictives au commerce sont possibles lorsqu'elles sont destinées à la conservation des ressources naturelles épuisables. Ainsi, face à la pression de la demande, les pays possédant ces ressources peuvent en limiter l'accès au moyen de taxes à l'exportation. Mais récemment la donne a quelque peu changé avec l'exploitation du pétrole de schiste aux États-Unis et les nouvelles découvertes de gisements dans plusieurs pays (Liban, Algérie, Mer du Nord...). L'offre augmente et le marché est moins tendu, au point que le prix du pétrole est aujourd'hui à son niveau le plus bas depuis 2010.

En théorie, l'échange international de ressources naturelles immobiles et rares peut constituer une source de gains aussi bien pour le pays qui exporte que pour celui qui importe, ce qui entraîne un accroissement du bien-être social mondial. Mais ces effets statiques doivent être évalués par rapport aux effets dynamiques en raison du caractère épuisable de ces ressources. Selon le rapport de l'OMC, « des études empiriques récentes corroborent la théorie classique, mais elles suggèrent que c'est seulement quand d'autres déterminants de l'avantage comparatif – comme l'infrastructure, la scolarisation et la qualité des institutions – sont présents qu'un pays riche en ressources tirera pleinement avantage de l'exportation de ses ressources vers les pays relativement bien dotés en capital et en main-d'œuvre qualifiée, et importera en échange des biens à forte intensité de capital ». En effet, le libre-échange accentue l'exploitation de la ressource et en épuise le stock. Il est donc indispensable que les pouvoirs publics favorisent la diversification (syndrome hollandais).

De plus, dans le secteur des ressources naturelles, les mesures qui influent sur la production ou la consommation intérieures ont une incidence considérable sur les exportations et les importations. Par exemple, un pays qui importe la totalité de son pétrole et impose une taxe sur la consommation de pétrole (comme c'est le cas en France) obtient le même effet sur le commerce qu'en prélevant des droits de douane. La distinction juridique entre ces deux interventions est néanmoins importante, car l'Accord sur l'OMC et les autres accords internationaux visent les droits de douane, mais pas les taxes sur la consommation. Il en résulte, pour les exportations algériennes de pétrole, que l'adhésion à l'OMC ne la mettrait pas à l'abri des politiques intérieures de ses partenaires commerciaux (principalement européens) pour qui le pétrole est un produit cher et polluant.

Dans la même logique, pour contrecarrer les externalités négatives liées à l'extraction et à la consommation du pétrole, l'OMC estime qu'un accord international visant à augmenter les taxes au-delà d'un taux optimal défini au niveau national est nécessaire pour permettre l'allocation efficace de la ressource dans le temps. Le temps est révolu où l'Algérie se cachait derrière son pétrole, elle doit maintenant affronter l'ouverture, la diversification et une intégration plus active dans le commerce international.

Conclusion

L'Algérie s'enlise dans sa rente. Le processus de privatisation et de transition vers l'économie de marché initié dans le cadre du programme d'ajustement structurel débuté en 1995, n'a pas fait ses preuves, bien que plusieurs transformations importantes aient été réalisées. La logique de fonctionnement de l'économie n'a pas fondamentalement changé (Bouyacoub, 1997). Avec l'ouverture, les importations ont résolu le problème de la pénurie, caractéristique des économies administrées centralement, faisant du commerce extérieur le « principal lieu de consommation de la rente énergétique ». Autrefois réservé aux entreprises publiques, il occupe de plus en plus d'opérateurs privés, mais les détourne d'initiatives plus diversifiées et compétitives.

Cet article pose le problème de savoir si l'ouverture à la concurrence internationale de l'Algérie, par son adhésion à l'OMC, peut être un facteur stimulant la diversification de ses activités ou fragilisant encore davantage son appareil de production. Le développement de son commerce international peut-il l'aider à passer d'une logique de redistribution à une logique de création de richesse et contribuer à soutenir sa croissance ou va-t-il plutôt l'exposer à une concurrence internationale que son économie n'est pas en mesure d'affronter ? Une adhésion favoriserait la diffusion de nouvelles technologies susceptibles de compenser l'épuisement des ressources en pétrole et des techniques d'exploitation plus coûteuses. Mais elle est conditionnée au fait que l'Algérie s'engage résolument dans la diversification de son économie et prenne des mesures volontaristes lui permettant d'échapper à la logique de rente.

L'Algérie doit sans doute aussi s'engager dans un processus interne de restructuration institutionnelle. Les efforts pour se conformer aux règles de l'OMC seront d'autant moins lourds si émerge, dans le pays, un climat d'affaires favorable à l'initiative privée et à l'innovation. Les règles et modes de fonctionnement institutionnels qui persistent dans le pays sont inadaptés aux réalités commerciales du monde actuel. La lourdeur du secteur public, l'ampleur de la sphère informelle et la corruption, le manque de transparence de l'environnement commercial, des tarifs douaniers, les formalités de passage aux frontières, les obstacles bureaucratiques liés à ces formalités, l'inefficacité et l'absence d'innovation du côté des entreprises sont autant d'obstacles qui ne sont pas encore levés.

L'adhésion à l'OMC constitue un processus pluridimensionnel porteur de coûts d'ajustement sectoriels et institutionnels. Dès lors, elle est révélatrice des contradictions du processus de transformations dans lequel est engagée l'économie algérienne. Cette dernière est confrontée à une double problématique : celle d'un pays en développement (PVD) et celle d'une économie pétrolière peu diversifiée. Si à première vue l'adhésion peut dynamiser le PVD, elle risque d'être dangereuse pour l'économie rentière qui n'est pas structurée pour affronter la concurrence. Le tableau ci-dessous reprend les arguments développés dans le cadre de notre analyse qualitative des coûts et avantages de l'adhésion à l'OMC et présente les défis que l'Algérie devrait relever dans le contexte d'une ouverture au libre-échange.

Analyse qualitative : enjeux et défis à relever par l'Algérie face aux conséquences de l'adhésion à l'OMC

Conséquences de l'adhésion à l'OMC	Défis à relever par l'Algérie dans le contexte économique, politique et social actuel
Les gains de l'ouverture au commerce international - baisse de 10% des coûts commerciaux - hausse de la qualité des produits - baisse des prix des produits - augmentation des recettes publiques - meilleure allocation des ressources - attraction des IDE **Augmentation des coûts de transaction** - liés aux formalités douanières et à leur lenteur - dépenses relatives à la fourniture d'informations et de documents	**Remédier à la faiblesse du secteur industriel algérien** - incapacité à faire face à la concurrence - faiblesse des exportations hors hydrocarbures - les produits algériens ne satisfont pas les normes - inefficacité des institutions spécialisées (Algex) **Être en mesure de compenser l'augmentation des coûts de transaction :** - dynamiser le tissu des PME (effets d'apprentissage) - les encourager à exporter plus (effets d'apprentissage à l'exportation)
Un cadre formel et transparent - commerce sans discrimination et un environnement stable et prévisible - négociation, consolidation et transparence - l'examen, par l'OMC, des politiques commerciales des pays membres	**Combattre l'économie informelle et la corruption** - Constat de la persistance de la sphère informelle et aggravation de la corruption - Modifier la logique de fonctionnement de l'économie - Nécessaire intervention de l'Etat pour instaurer un climat des affaires
Une accélération des réformes - nécessité de la transition vers l'économie de marché - privatisation	**Nécessité de réformes structurelles dont les résultats sont visibles sur le long terme** - Accompagner les évolutions démographiques - Investir dans la ressource humaine
Problème des ressources naturelles - Les ressources naturelles sont indispensables au processus de production et elles sont éventuellement épuisables. - Concilier les besoins actuels et futurs - L'OMC ne peut intervenir sur les mesures intérieures comme les taxes sur la consommation (ex : TVA) - Mesures de protection de l'environnement	**Gestion de la rente** - épuisement des ressources et concurrence accrue - volatilité des prix - trouver d'autres déterminants de l'avantage comparatif comme l'infrastructure, la scolarisation et la qualité des institutions. - pas à l'abri des taxes sur la consommation des pays partenaires

Source : l'auteur

Si l'adhésion se réalisait dans le contexte actuel, l'Algérie n'aurait pas suffisamment d'atouts entre les mains pour tirer son épingle du jeu compte tenu des nouvelles règles qui s'imposeraient à elle. Avant d'envisager une adhésion à l'OMC dans de bonnes conditions, l'Algérie doit mener plusieurs batailles de front : stimuler les initiatives privées, relever les défis de la sous-exploitation des sites touristiques, se préoccuper de son environnement, apaiser son contexte politique, développer les relations de coproduction Nord-Sud et améliorer les rapports intra-maghrébins. Une longue route reste encore à parcourir pour y parvenir.

Références

Abdallah A., (2004), Taux de change réel d'équilibre pour un PED : application aux pays du Maghreb, 30 pages,
http://cerdi.org/uploads/sfCmsContent/html/199/Abdallah.pdf

Ben Rejeb M., (2009), *L'impact de l'ouverture sur la performance des entreprises : l'exemple tunisien*, thèse pour l'obtention du titre de docteur en sciences économiques, EDOCIF, Université Paris Dauphine.

Bouyacoub A., (1997), L'économie algérienne et le programme d'ajustement structurel, *Confluences*, Printemps 1997, pp.77-85.

Carbonnier G., (2007), Comment conjurer la malédiction des ressources naturelles ? ; *Annuaire suisse de politique de développement*, vol. 26, n°2, p. 83-98.

Clerides S/ K., Lach S. & Tybout J. R. (1998), Is learning by exporting important ? Micro-Dynamic evidence from Colombia, Mexico and Morocco, *The Quarterly Journal of Economics*, vol 113, n° 3,

Donsimoni M., (1999), L'activité touristique, facteur de développement économique, dans *Le tourisme, facteur de développement local*, Collection Débats, sous la direction de L. Bensahel et M. Donsimoni, PUG, 1999.

Ernst et Whinney (1987), The cost of 'non-europe': border-related controls and administrative formalities, in *Research on the cost of Non-Europe: basic findings*, vol.1, Office for official publications of the EC.

Ghoneim, A.F., Péridy, N.(2012), Shallow vs. Deep Integration in the Southern Mediterranean: Scenarios for the region up to 2030, *MEDPRO Technical Report*, No. 13/March.

Kadi M., A. Guedjali, M. Benguerna, A. Messaid (2016), « La relation douanes-usagers : les conditions d'amélioration de la qualité de service », *Les Cahiers du CREAD*, Vol. 116.

Kee H.L, Nicita A, Olarreaga M., (2009), Estimating Trade restrictiveness indices, *Economic Journal*, 119 : 172-199.

Kharas H. et Gertz G., (2010), The new global middle class : a cross-over from west to east, draft version of Chapter 2 in *China's Emerging Middle Class : Beyond Economic Transformation* (Cheng Li, editor), Washington, DC: Brookings Institution Press.

Labaronne D., 2013, Performances des firmes publiques algériennes : une question de privatisation ou de gouvernance des firmes ? , *Management & Avenir*, 2013, n° 63, pp. 33-53.

Labaronne D., 2013, Les difficultés de l'intégration économique régionale des pays maghrébins *Mondes en Développement*, vol 41, n°163, pp. 99-113.

Labaronne D. et Ben Abdelkader F. (2014), *Institutions de gouvernance, confiance et développement, Application aux cas des pays arabes de la*

Méditerranée, Edition L'Harmattan, collection Mouvements Economiques et Sociaux, Paris, 237 p.
Lakhoua M-H. (2009), L'Algérie, un pays de 'désinvestissement, *Espace Manager,* août 2009.
Lamiri A., (2013), *La décennie de la dernière chance : émergence ou déchéance de l'économie algérienne*, Éditions Chihab.
Leamer E. E, (1985) *Sources of International Comparative Advantage - Theory & Evidence*, new edition, MIT Press.
Lederman D., Colin L., Xu, (2007), « Comparative advantage and trade intensity: are traditional endowments destiny ? », *The Word Bank edition*, pp289-322.
Lim A. H. et Saner R. (2011), « Rethinking trade in education services: a wake-up call for trade negotiators, *Journal of World Trade*, Wolters Kluwer, Law and Business.
Meserlin P., (1998), *Commerce international*, Thémis économie, Paris, PUF.
Moïsé et al. (2011),« Trade Facilitation Indicators, the impact on trade costs », *OCDE paper*, N°118.
OCDE (2000-b), *Incidences de la libéralisation des échanges agricoles sur l'environnement au plan national et international*, [COM/AGR/ENV/(2000)75/FINAL]
OMC, *Rapport sur le commerce mondial*, 2010 ; 2013
Oukazi G. (2004), « Une adhésion avec minimum de dégâts », *Le quotidien d'Oran,* 24/05/2004.
Oxfam (2009), Lever la malédiction des ressources : Comment les pauvres peuvent et devraient profiter des revenus des industries extractives, https://www.oxfam.org/fr/rapports/lever-la-malediction-des-ressources.
Puchot P., (2014), « Economie informelle, évasion fiscale et corruption rongent l'Algérie), dans le cadre d'un reportage intitulé « Algérie, la bataille du quatrième mandat, 23, avril 2014, *Mediapart*.
Rahmouni M., (2012), « Education au Maroc et en Algérie : vers l'émergence d'un débat national », http://arabsthink.com.
Rosser A., (2006) The Political Economy of the Resource Curse: A Literature Survey, *IDS Working Papers*, n° 268, Brighton, Institute of Development Studies.
Rostow W.W, (1962), *Les étapes de la croissance économique*, traduit de l'américain par M-J du Rouret, Paris éditions du seuil.
Steiner, P. (2002). « Encastrements et sociologie économique » dans I. Huault (dir.). *La construction sociale de l'entreprise : autour des travaux de Mark Granovetter*. Éditions Management et Société, Colombelles.
Weigert M. (2014), « Coproduction en Méditerranée Illustrations et recommandations », dans *Études & analyses, Novembre 2014*

Chapitre 6
Intégration financière et commerciale des marchés d'actions d'Afrique du Nord et sensibilité aux politiques monétaires internationales

Giscard Assoumou-Ella[1]
Cécile Bastidon[2]
Bastien Bonijoly[3]

Introduction

Depuis le début de la décennie 1990, les pays d'Afrique du Nord ont entamé de vastes processus de réformes financières. Leur but est de favoriser les mutations de l'intermédiation financière et donc le développement financier, pour répondre aux besoins de financement domestiques. Au-delà de l'objectif interne, ces réformes ont pour but d'intégrer les systèmes de financement domestiques des économies d'Afrique du Nord à la finance mondiale, pour bénéficier également de sources de financements externes. Or, depuis le début de la crise globale, la problématique de la transmission des politiques monétaires des économies avancées aux pays en développement et émergents est à nouveau à l'ordre du jour. Chacune des étapes de la séquence de politique monétaire présente des risques spécifiques, aussi bien les Politiques Monétaires Non Conventionnelles ou PMNC mises en œuvre pendant la crise (Ahmed & Zlate, 2014), que les annonces de resserrement (*tapering*, Sahay *et al.*, 2014). Dans ce contexte, notre objet est de tester spécifiquement la vulnérabilité des marchés financiers d'Afrique du Nord aux annonces de resserrement, et les effets exercés sur cette vulnérabilité par les caractéristiques domestiques d'intégration financière et commerciale.

Nous proposons une étude de la transmission des annonces de politique monétaire de la FED, sur la période 01/01/2013 - 15/04/2015, aux marchés

[1] Université Omar Bongo, Gabon (CIREGED)
[2] Université de Toulon (LEAD)
[3] Université de Toulon (LEAD)

d'actions des trois pays d'Afrique du Nord dont le secteur financier est le plus développé (Égypte, Maroc, Tunisie). Les tests, en données de panel, sont effectués selon deux méthodologies distinctes. La première méthodologie consiste à construire les variables muettes d'annonces de politiques monétaires (Mishra *et al.*, 2014) en isolant les dates de réunions et de publications de minutes correspondant à des annonces de resserrement et ayant un effet défavorable significatif sur les marchés d'actions. Dans la seconde méthodologie, la construction de la variable muette est effectuée à l'aide de la couverture médiatique. Les effets de l'intégration commerciale et financière sont mesurés par l'ajout de variables domestiques spécifiques, à la fois directement, et par le biais de termes d'interactions avec les variables d'annonce de politiques monétaires.

Les résultats montrent un effet généralement significatif des variables muettes d'effets d'annonces de la FED, ainsi que des variables statistiques de politique monétaire de la FED (taux effectif des FED Funds). Concernant les effets de l'intégration commerciale et financière, nous montrons que certaines variables domestiques ont des effets équivoques : l'effet direct d'une ouverture accrue est favorable, mais accroît la vulnérabilité aux annonces de resserrement de politique monétaire (effet de l'interaction défavorable). C'est en particulier le cas du solde de la balance courante. Le contenu du reste de ce document est le suivant. La section 1 est consacrée à une revue de la littérature de la transmission internationale des annonces de politique monétaire. La section 2 présente les faits stylisés, en particulier la séquence de politique monétaire de la FED et la manière dont elle est annoncée par les communiqués et les publications de minutes faisant suite aux réunions du FOMC (Comité de Politique Monétaire Fédéral) ; et les résultats de l'étude empirique.

6.1. Revue de littérature

Il existe de nombreux travaux récents sur la transmission des chocs des économies avancées aux pays émergents. Par exemple, Cetorelli et Goldberg (2011) montrent que l'ouverture aux banques étrangères facilite la transmission des chocs *via* les réseaux mondiaux des banques multinationales. De même, Takáts (2010) met en évidence l'existence d'un canal des prêts bancaires internationaux comme facteur de transmission de la crise financière globale aux économies émergentes. Il démontre que ce sont les facteurs d'offre qui conduisent à la baisse des prêts bancaires internationaux vers les pays émergents. Cependant, Eichengreen (2010) recommande aux pays émergents de continuer leurs politiques d'intégration. Que cela soit en rendant le cadre institutionnel plus attractif vis-à-vis des investissements étrangers, grâce à l'assouplissement de la bureaucratie ; ou en développant les compétences du travail. Ils doivent également continuer à entretenir des politiques publiques se rapprochant des standards internationaux de crédibilité. Les marchés émergents doivent définir les modalités d'intégration optimales au système de financement international tel qu'il est, et tel qu'il devrait être. Ainsi, lorsque les périodes de ralentissement des économies avancées se prolongent, les pays émergents voient les flux de capitaux à leur destination augmenter (Korinek, 2010), ce qui suppose de mettre en place les politiques prudentielles adaptées. Dans ce contexte, le cœur de la problématique de cette revue de littérature est l'impact de la mise en œuvre et de la sortie des PMNC des économies avancées sur le reste du monde, plus particulièrement les pays émergents.

6.1.1. PMNC et prix d'actifs

Bowman *et al.* (2015) étudient les effets des PMNC sur les prix des actifs émergents. Leurs travaux ont en particulier pour objet de mettre en évidence les déterminants de l'hétérogénéité des pays de l'échantillon, à l'aide d'un modèle en données de panel à effets fixes individuels. L'équation principale de leur modèle est la suivante :

$$\Delta Y_{i,t_m}^{EME} = \begin{array}{c} \alpha_i + (\beta_1 + \beta_2 \times X_{i,t_{m-1}}) \times \Delta Y_{sov,t_m}^{US} \\ +(\gamma_1 + \gamma_2 \times X_{i,t_m-1}) \times \Delta Y_{hy,t_m}^{US} + \cdots + Z_{t_m} + \epsilon_{i,t_m} \end{array} \quad (1)$$

La variable endogène est le rendement des obligations d'État des pays émergents, le taux de change ou l'indice des prix des actions pour chaque pays i de l'échantillon. Les variables explicatives sont :

-la variable de politique monétaire des États-Unis (X_{i,t_m-1}),

-les rendements des obligations d'État des États-Unis à 10 ans ($\Delta Y_{sov,t_m}^{US}$) (canal du taux d'intérêt),

-le *spread* des obligations à haut rendement ($\Delta Y_{hy,t_m}^{US}$) (canal du risque) aux États-Unis.

- $\boldsymbol{Z_{t_m}}$ est un ensemble de variables de contrôle nationales et internationales.

Les résultats indiquent que la vulnérabilité des économies de l'échantillon varie dans le temps. Dans un pays qui voit son environnement économique se détériorer, les prix des actifs deviendraient plus vulnérables à la politique monétaire des États-Unis. Par ailleurs, les effets induits sur les économies émergentes de certains chocs de politique monétaire pourraient être encore plus forts que les effets sur les États-Unis.

6.1.2. PMNC et flux de capitaux

Les travaux d'Ahmed et Zlate (2014) portent également sur les effets des PMNC des Banques centrales des économies avancées (en particulier, la

FED) sur les flux de capitaux vers les pays émergents. L'échantillon débute en 2002 pour pouvoir comparer les périodes pré-crise et post-crise.

Les tests portent sur les entrées de capitaux rapportées au PIB$\left(\frac{NPI_{it}}{Y_{it}}\right)$, avec plusieurs formulations alternatives (investissements de portefeuille, total des entrées de capitaux). L'équation estimée est la suivante :

$$\frac{NPI_{it}}{Y_{it}} = \alpha_0 + \sum_{i=1}^{n-1} \alpha_i D_i + \beta_1(g_{it} - g_t^{AE}) + \beta_2(R_{it} - R_t^{US}) + \beta_3 LSAPs_t + \gamma_1 RA_t + \gamma_2 CC_{it} + \phi t + \varepsilon_{it} \quad (2)$$

Les variables exogènes sont le différentiel de croissance du PIB réel du pays (i) notée (g_{it}) par rapport aux économies avancées (g_t^{AE}) ; le différentiel de taux directeur (R) du pays (i) par rapport aux États-Unis ; une variable de PMNC aux États-Unis $(LSAPs)$; une mesure de l'aversion au risque mondiale (RA) ; et une variable rendant compte des contrôles de capitaux (CC). La constante est affectée d'effets fixes, avec $(D_i = 1)$ pour le pays (i) et $(D_i = 0)$ sinon.

Avant comme après la crise, les principaux déterminants des entrées de capitaux nets sont le différentiel de croissance, le différentiel de taux d'intérêt, et l'aversion au risque. En revanche les résultats mettent en évidence un changement structurel dans la sensibilité des flux aux taux directeurs des États-Unis. Les mesures de contrôle de capitaux exercent un effet significatif favorable permettant de compenser l'augmentation de cette sensibilité.

6.1.3. PMNC et études d'évènements au sens strict

Sur le plan méthodologique, les travaux concernant les effets d'annonce portent généralement sur des données quotidiennes et des variables muettes d'évènements. Les travaux d'Aït-Sahalia *et al.* (2012) sur les effets d'annonce des PMNC de la FED, bien que ne portant pas sur les économies émergentes, constituent une référence. Il s'agit d'une étude d'évènements au sens strict. Les auteurs construisent une base de données détaillée des mesures de politiques monétaires et macroéconomiques annoncées durant la crise de 2008 par quatre économies avancées, à partir de la presse financière, en particulier le Financial Times. Ces annonces sont classées dans 5 catégories : *(i) fiscal policy* (4%) ; *(ii) monetary policy* (25%) ; *(iii) liquidity support* (23%) ; *(iv) financial sector policy* (37%) ; et *(v) ad hoc bank bailouts and failures* (11%).

L'étude d'évènements a pour objet de déterminer si ces mesures ont permis de réduire les tensions financières, entre le 1er juin 2007 et le 31 mars 2009. Les fenêtres d'évènement commencent 1 jour avant et finissent 3 jours après les annonces, pour tenir compte du temps de compréhension et de réaction des investisseurs. Des tests de robustesse sont effectués en modifiant cette fenêtre, sans que cela modifie significativement les résultats.

Les principaux résultats confirment que les initiatives de politiques monétaire et budgétaire prises par les pays d'importance systémique sont susceptibles d'avoir des conséquences sur les conditions de marché d'autres pays. Ces effets s'intensifient à mesure que la crise devient plus profonde. Les baisses de taux comme l'assouplissement monétaire ont des retombées internationales significatives, favorisées par le fait que beaucoup de Banques centrales ont effectué les mêmes politiques. En revanche, les annonces d'injections de liquidité semblent ne pas avoir d'effet de propagation. Enfin, les annonces de plans *ad hoc* de sauvetages et de faillites de banques ont des effets de propagation internationaux importants, notamment entre les États-Unis et la zone euro.

Ces résultats suggèrent que les marchés considèrent les baisses de taux d'intérêt et les recapitalisations bancaires comme les mesures les plus efficaces. Les effets des annonces qui s'y rapportent augmentent au fur et à mesure que la crise s'approfondit et que les banquiers centraux augmentent leur implication, malgré l'absence de mécanisme institutionnalisé de coordination internationale.

Les travaux d'Ahmed et Zlate ou d'Aït-Sahalia *et al.* montrent finalement que les annonces des Banques centrales des économies avancées ont des effets significatifs parfois avant même que les mesures annoncées soient mises en place. Le même effet est mis en évidence en 2013 lorsque la FED annonce le début du *tapering* (sortie progressive des PMNC), qui génère un reflux de capitaux vers les États-Unis et une période de fortes tensions sur les marchés émergents.

6.1.4. Entrée dans le tapering et prix d'actifs

Pour étudier les effets d'annonces des Banques centrales, la méthodologie couramment utilisée consiste à formuler des variables muettes d'évènements. Sur cette base, la plupart des estimations sont réalisées sur des séries chronologiques et donc des quasi-études d'évènements, les études d'évènements au sens strict à la Aït-Sahalia *et al.* étant minoritaires. Eichengreen et Gupta (2015), qui étudient les seuls effets de court terme de l'annonce du début du *tapering* en mai 2013 par Ben Bernanke sont dans le premier cas.

Les variables endogènes sont le taux de change, les réserves de devises et le prix des actions entre avril 2013 et août 2013. L'hypothèse clef consiste à considérer que la dynamique de ces variables sur la période d'étude résulte de l'évènement de politique monétaire considéré. Les variables exogènes sont les fondamentaux macroéconomiques, la taille et l'ouverture des marchés financiers. Les auteurs testent également une variable indiquant dans quelle mesure l'appréciation du taux de change réel et le creusement du solde de la balance courante ont été contrôlés pendant la période d'assouplissement quantitatif. L'équation testée est la suivante :

$$Y_i = \alpha_k X_{k,i} + \varepsilon_i \quad (3)$$

Y_i, la variable dépendante, est soit une des variables endogènes, soit un indicateur composite de plusieurs d'entres elles pour le pays i. Le vecteur $X_{k,i}$ correspond aux variables explicatives : croissance du PIB, déficit budgétaire, inflation, niveau de réserves de change retardés comme mesures des fondamentaux économiques ; entrées cumulées de capitaux privés, stock d'investissement de portefeuille, capitalisation boursière et PIB agrégé comme proxy de la taille du marché ; régime de change, dette publique, ouverture du compte de capital, qualité de l'environnement économique (ou institutionnel) comme variables structurelles.

Les résultats montrent que les marchés émergents qui ont laissé leur taux de change s'apprécier fortement et eu la plus forte augmentation de leurs déficits courants dans la période de *PMNC* voient les plus fortes dépréciations de leur monnaie, baisses de réserves et reculs de leurs marchés d'actions lors du *tapering*. Ceci explique que ce soient les mêmes pays qui aient critiqué l'assouplissement et par la suite le *tapering*. En second lieu, de meilleurs fondamentaux macroéconomiques n'isolent pas nécessairement des effets de propagation. En revanche, la taille du marché a un effet fortement significatif et défavorable. Cela s'expliquerait par le fait qu'il est plus facile pour les investisseurs de rééquilibrer leurs portefeuilles sur des marchés plus liquides. Enfin, il n'est pas évident que les contrôles de capitaux durant la période de *PMNC* aient permis d'isoler les pays des impacts du *tapering*.

6.1.5. Variables d'évènements et prix d'actifs

Sur cette base, Rai et Suchanek (2014) procèdent à une étude d'évènements en données de panel, mais aussi individuelles. L'impact des annonces de la FED est estimé sur les flux de capitaux, les taux de change, les prix des actions et les rendements des obligations publiques des pays émergents, entre le 1er janvier 2013 et le 21 janvier 2014. Il faut noter que les auteurs considèrent inutile d'identifier des effets surprise différenciés des annonces de *tapering* car il serait généralement admis que ces annonces étaient largement inattendues. Leur muette contient donc toutes les annonces de *tapering* de la période d'étude par Ben Bernanke ou bien le FOMC, soit les 22 mai, 19 juin, 18 septembre et 18 décembre 2013. L'impact de chaque évènement est ainsi estimé comme le coefficient de la variable muette correspondant à une date spécifique. L'équation estimée est la suivante :

$$R_t = \alpha + \beta_1 Z_t + \beta_2 X_t + \varepsilon_t \quad (4)$$

R_t est le rendement de la variable endogène ; Z_t, le vecteur des variables muettes pour les 4 dates d'annonces et X_t, le vecteur des variables de contrôle. Cette équation est ensuite estimée en panel pour déterminer quelles caractéristiques macroéconomiques des pays de l'échantillon influent sur les réactions aux annonces :

$$\boldsymbol{R_{it} = \beta_1 Z_{it} + \beta_2 Z_{it} S_{it} + \beta_3 S_{it} \beta_4 X_t + \varepsilon_{it} + \eta_i} \quad (5)$$

S_{it} correspond aux caractéristiques spécifiques à chaque pays (PIB, inflation, balance du compte courant). Les résultats montrent qu'il y a effectivement une dépréciation lors des annonces, surtout celle du 19 juin, et surtout pour les pays les plus vulnérables. Les marchés d'action montrent une forte chute autour du 19. En revanche, tous les marchés subissent une remontée lors du report du *tapering* de septembre. Plus les pays sont vulnérables, plus ils subissent une forte chute, mais ensuite voient une remontée plus importante. Les résultats sont similaires pour les obligations.

Dans l'ensemble, ces résultats confirment la forte réaction des marchés émergents aux annonces de *tapering*. C'est l'annonce du 19 juin qui a l'impact le plus fort, plutôt que la première fois où le *tapering* est abordé, le 22 mai, lors du discours bi-annuel de Bernanke. Les auteurs émettent l'hypothèse qu'étant une réelle surprise, il a fallu du temps aux marchés pour intégrer l'information.

6.1.6. Asymétrie des effets des annonces de QE et de tapering

Avec la même approche méthodologique (quasi étude d'évènement), Aizenman *et al.* (2014) étudient les effets internationaux des annonces de politique monétaire sur une période commençant avant le début du *tapering* (du 27 novembre 2012 au 3 octobre 2013), sur trois prix d'actifs (marchés d'actions, taux de change et *spreads* de CDS). Ils sélectionnent non seulement les annonces de *tapering*, mais aussi de *PMNC*, afin d'étudier une possible symétrie des réactions. Enfin, ils testent différentes sources d'annonces (Bernanke, le Board ou les présidents des Banques centrales qui composent la FED). Le modèle étudié est le suivant :

$$\Delta P_{it} = \begin{matrix} \beta_0 + \beta_1 Ben\,T_t + \beta_2 Ben\,QE_t + \beta_3 GovPres\,T_t + \beta_4 GovPres\,QE_t \\ + \beta_5 FOMC\,QE_t + \mu_i + \varepsilon_{it} \end{matrix} \quad (6)$$

Les régressions sont effectuées en données de panel à effets fixes. ΔP_{it} est le rendement de l'un des actifs considérés. $Ben\,T_t$ et $Ben\,QE_t$ sont les annonces en faveur du *tapering* et du *QE* par Ben Bernanke à la date t. $GovPres\,T_t$ et $GovPres\,QE$ sont celles du Board et $FOMC\,QE_t$ celles du FOMC.

Les résultats montrent que les annonces de *tapering* de Bernanke ont été associées à des chutes significatives des indices des marchés d'actions et à une dépréciation des taux de change, mais ont eu peu d'impact sur les *spreads* de CDS. En revanche, les annonces des autres gouverneurs, qui ne sont pas liées à des annonces de *tapering*, n'ont pas ou peu d'impact. À l'inverse, les annonces de *QE* sont associées à d'importantes appréciations du taux de change. Par ailleurs, les dépréciations du taux de change liées aux annonces de *tapering* sont beaucoup plus fortes pour les pays aux fondamentaux les plus robustes. Pour ce qui est des annonces de *QE*, c'est aussi la variable Bernanke qui montre les effets les plus importants.

Ces résultats mettent en évidence les prévisions de baisse des entrées de capitaux et la forte hétérogénéité des ajustements à ces annonces dans les pays émergents. Les annonces ont un effet plus fort sur les pays les plus robustes (surplus du compte courant, faible dette en devises, réserves élevées). Il est important de noter que pour les pays les plus fragiles, l'effet apparaît de manière différée. De même que dans Eichengreen et Gupta (2015), la réaction plus forte des pays robustes est expliquée par les anticipations d'ajustement des bilans où la taille et la liquidité des marchés jouent un rôle important.

6.1.7. Variables d'évènements, interactions et prix d'actifs

Avec une approche méthodologique différente pour construire la variable muette, mais toujours dans le cadre d'une quasi-étude d'évènement, Mishra *et al.* (2014) étudient eux aussi l'impact des annonces de *tapering* par la FED. Leur but est de voir quel rôle ont joué les caractéristiques pays dans les différences de réaction au sein d'un panel de 21 pays émergents, en particulier les fondamentaux macroéconomiques, la profondeur et l'intégration financière, les liens commerciaux avec la Chine, et les mesures de flux de capitaux ou de politiques monétaires domestiques.

Les auteurs testent l'impact des effets d'annonce de la FED (au second semestre 2013). Pour cela, ils différencient les évènements favorables et défavorables, les premiers étant ensuite écartés. Trois variables dépendantes sont utilisées (taux de change, rendement des obligations d'État en monnaie locale et cours boursier). Les caractéristiques pays sont réparties en huit catégories (fondamentaux macroéconomiques, profondeur financière, perspectives de croissance des marchés émergents, croissance chinoise, intégration financière, mesure des entrées de capitaux excédant une référence spécifiée, et mesure des flux de capitaux et de la politique macroprudentielle).

Dans la première étape, toutes les annonces sont testées à partir de l'équation suivante :

$$\Delta y_{c,i-m,i+m} = \alpha + \beta * D_i \quad (7)$$

Les évènements négatifs doivent avoir un coefficient (β) positif quand l'endogène (Δy) est le taux de change et le rendement obligataire et un coefficient négatif quand il s'agit du cours boursier. (D_i) est le vecteur de variables muettes marquant les évènements de politique monétaire.

La deuxième étape consiste à évaluer le rôle des caractéristiques pays, la variable muette d'effet d'annonce étant construite par somme des vecteurs correspondant aux seules dates d'effet défavorable significatif.

$$\boldsymbol{\Delta y_{c,i-m,i+m} = \alpha + \beta * D_i^N + \gamma x_{c,i-q} + \delta D_i^N * x_{c,i-q} + s_c} \quad (8)$$

Outre cette nouvelle spécification de la variable muette d'évènements, il s'agit d'ajouter aux exogènes de l'équation 7 la variable ($x_{c,i-q}$) représentant les caractéristiques d'un pays (c) mesurées un trimestre avant l'évènement, l'interaction de ces caractéristiques avec la variable muette d'évènements, et (s_c) qui est l'effet fixe pays.

Les principaux résultats sont les suivants. Les pays ayant eu la dépréciation la plus faible de leur taux de change sont ceux avec une balance courante plus favorable, une plus faible inflation, des réserves élevées (par rapport au PIB) et une meilleure situation budgétaire. De même pour les pays avec les meilleures perspectives de croissance et une meilleure intégration financière internationale. La Chine joue un rôle tampon en diminuant l'impact de la crise sur les pays avec lesquels elle a d'importantes relations commerciales. Une plus grande profondeur financière favorise la résilience aux chocs, contrairement aux résultats des travaux précédents (Eichengreen & Gupta, 2015 ; Aizenman *et al.*, 2014). Celle-ci est également favorisée par les mesures de contrôle des capitaux (comme dans Eichengreen & Gupta, 2015), ou le resserrement des mesures macroprudentielles.

Il n'y a pas encore à notre connaissance de travaux traitant de la relation entre cette intégration et la vulnérabilité aux décisions de politique monétaire internationale, dans le cas des pays du Maghreb. Pourtant, ces pays ont été eux aussi affectés en 2013 par les annonces de sortie des PMNC. C'est ce qui légitime la partie empirique de ce document.

6.2. Analyse empirique de la transmission du *tapering* aux marchés d'actions d'un sous-échantillon

6.2.1. Faits stylisés

À la suite de la crise financière globale de 2007-2008, les Banques centrales des économies avancées ont mis en place des politiques monétaires exceptionnellement accommodantes, parmi lesquelles aux États-Unis le *Quantitative easing* (*QE*1, 2008-2010 ; *QE*2, 2010-2011 ; *QE*3, 2012-2015), qui s'est traduit par une forte augmentation de la liquidité mondiale. Ainsi, non seulement la crise financière globale a touché les pays émergents, mais les politiques monétaires mises en place par les économies avancées ont elles aussi eu un impact sur eux. Ils ont vu les flux de capitaux entrants augmenter fortement durant cette période (Figures 1 et 2015).

Figure 1 : Flux entrants d'IDE par zone

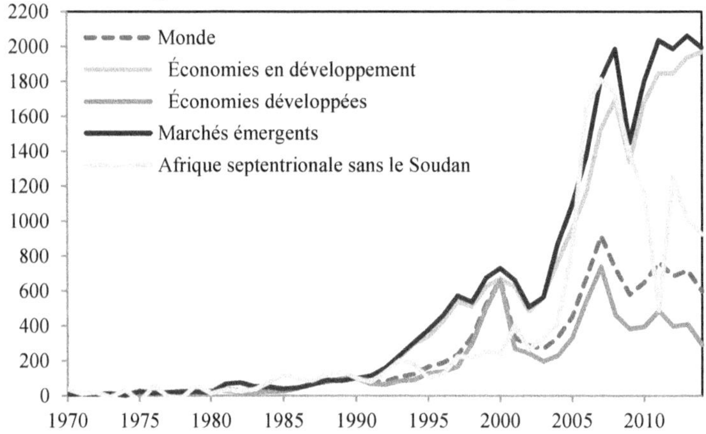

Source : Unctad, base 100 en 1990, 1970-2014

À des degrés divers, les dirigeants des économies des marchés émergents ont tenté de limiter les conséquences de ces entrées de capitaux massives (contrôle des capitaux, actions sur les cours de change...), les PMNC n'étant pas destinées à être permanentes. Le discours annuel devant le Congrès américain de mai 2013 prononcé par Ben Bernanke est la première occasion où un banquier central aborde la question du *tapering*.

Figure 2 : Flux entrants d'IDE par pays

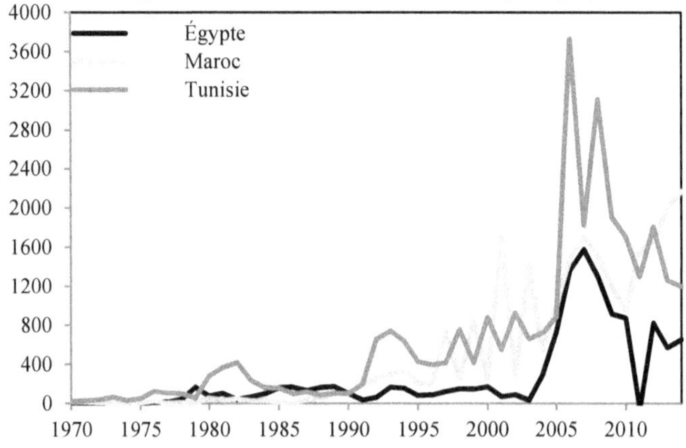

Source : Unctad, base 100 en 1990, 1970-2014

Le tableau 1 présente la chronologie du *tapering* mis en œuvre à partir de ce discours, et les montants des diminutions de taille de bilan annoncées lors des meetings du FOMC correspondants.

Tableau 1 : Dates clefs du tapering

Dates	*Action de la FED*	*Montant restant*
18-19 juin 2013	Annonce du *tapering*	85 milliards de dollars
17-18 décembre 2013	Début du *tapering* (-10 milliards)	75 milliards de dollars
28-29 janvier 2014	-10 milliards	65 milliards de dollars
18-19 mars 2014	-10 milliards	55 milliards de dollars
29-30 avril 2014	-10 milliards	45 milliards de dollars
17-18 juin 2014	-10 milliards	35 milliards de dollars
29-30 juillet 2014	-10 milliards	25 milliards de dollars
16-17 septembre 2014	-10 milliards	15 milliards de dollars
29-29 octobre 2014	Fin du *tapering* (-15 milliards	0 milliard de dollars

Source : Fed

Tableau 2 : Statistiques descriptives des indices boursiers des pays de l'échantillon

	Moyenne	Médiane	Minimum	Maximum	Écart t.
Casablanca__MAD	95,333	95,108	88,994	100,7	3,1581
Tunis__Tunindex	98,964	99,034	93,849	103,37	2,1817
Caire__EGX30_	99,376	97,399	80,278	121,93	9,2993
Eurostox50	103,13	101,53	92,645	114,76	5,7066
S_P500	112,76	113,14	99,674	126,49	6,9329

Ce sont les effets de ces annonces de *tapering* sur les pays de l'échantillon qui nous intéressent, plus particulièrement vis-à-vis des pays du sud de la Méditerranée.

La figure 3 montre l'évolution des cours des indices boursiers des trois pays ainsi que ceux de l'Eurostoxx50 et du S&P500. Les barres verticales correspondent aux meetings utilisés dans les deux variables muettes de cette étude. Les deux meetings qui mettent en évidence un changement de tendance important sont les meetings 4 et 17.

Figure 3 : Cours des indices boursiers des pays de l'échantillon pendant la période d'étude

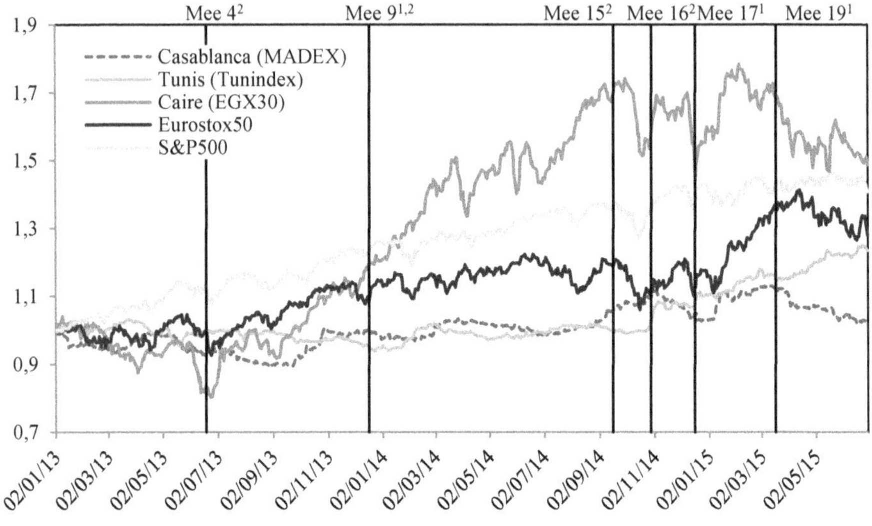

Lecture : 1,2 Meeting présent dans les deux variables muettes, 1 Meeting présent uniquement dans la première variable muette, 2 Meeting présent uniquement dans la deuxième variable muette
(base 100 01/02/2013, sources : investing.com et finance.net)

C'est sur ces deux meetings que l'on voit une rupture sur la plupart des indices représentés. Le meeting 9 a un effet identifiable, mais beaucoup moins notable. Par ailleurs, on peut voir sur la totalité de la période deux tendances pour l'indice marocain, une forte croissance jusqu'au *mee*15 puis une volatilité plus importante suivie d'une tendance à la baisse ensuite. A l'inverse, l'indice tunisien est relativement stable jusqu'au *mee*16 puis croît régulièrement ensuite. Les deux autres indices amorcent une décroissance à partir du *mee*19.

6.2.2. Données et méthodologie

6.2.2.1. Principales étapes de l'analyse empirique

Dans cette section, nous recherchons l'existence d'effets de transmission des annonces de politique monétaire de la FED à trois économies d'Afrique du Nord (Égypte, Maroc, Tunisie), à partir de tests réalisés en données de panel. Nous choisissons ces 3 pays, car nous étudions les effets sur les marchés d'actions et ce sont les pays ayant les marchés les plus développés du Maghreb. Dans la première méthodologie, de même que dans Mishra *et al.* (2014), les tests sont effectués en deux étapes. La première étape, avec comme variables endogènes les indices de prix nationaux des marchés d'actions en monnaie locale, a pour objet de construire les variables muettes d'effets d'annonce de politique monétaire de la FED. La seconde méthodologie pour la construction de la variable muette est une approche qualitative basée sur la couverture médiatique.

La seconde étape, avec comme variables endogènes les indices de prix des marchés d'actions, a pour objet d'évaluer les effets des variables muettes d'effets d'annonces construites à la première étape, et leur interaction avec les fondamentaux domestiques (les effets de ces fondamentaux hors interaction étant par ailleurs contrôlés). Dans cette seconde série de tests, nous nous démarquons de l'article de référence sur deux points : d'abord, nous n'utilisons pas les données de cours de change comme variable endogène, étant donné que les pays du sous échantillon sont caractérisés par des régimes administrés ; ensuite, nous contrôlons les variables d'environnement financier international (indices de marchés d'actions) et introduisons une variable statistique de politique monétaire de la FED (taux d'intérêt directeur).

6.2.2.2. Construction des variables muettes d'effets d'annonce

Ainsi, la première étape des tests consiste à construire les variables muettes d'effets d'annonces de politique monétaire de la FED. Nous nous intéressons aux effets des annonces de resserrement, supposées avoir un effet défavorable sur les indices nationaux de prix de titres des pays de l'échantillon. Nous choisissons d'étudier uniquement les conférences des meetings du FOMC. Il faut cependant noter que la toute première fois où Ben Bernanke a parlé du *tapering* n'était pas l'une de ces conférences, mais son discours devant la commission économique conjointe du congrès Américain, le 22 mai 2013. Cependant, il ne faisait qu'évoquer cette possibilité, précisant que lors du dernier meeting, le FOMC avait signalé qu'il était prêt à réduire ou augmenter ses politiques accommodantes en fonction de l'évolution de la situation. Dans la fenêtre d'étude permise par l'utilisation de variables d'évènements, qui est généralement de moins d'une semaine au total, compte tenu du temps de compréhension par les acteurs des marchés financiers, l'impact de cette première annonce est difficilement mesurable.

Ce point est confirmé par les travaux de Bowman *et al.* (2015) ainsi que Rai et Suchanek (2014). Ils montrent que c'est le meeting du FOMC qui suit, en juin, qui a l'impact le plus fort. Évidemment, cela ne signifie pas l'absence d'impact du discours de mai 2013, mais les plus importants sont ceux qui sont postérieurs.

Nous devons donc identifier les meetings qui ont potentiellement un effet significatif sur les marchés d'actions des pays de notre échantillon. La littérature comporte à cet égard deux choix possibles. Le premier consiste à tester l'effet individuel de chacune des dates de réunion et de publication de minutes du FOMC (en se basant sur les travaux de Mishra *et al.*). Sur cette base, la variable muette agrégée d'effets d'annonces de resserrement est construite par somme des variables correspondant aux dates ayant un effet défavorable significatif. Le second choix consiste, à partir de la communication de la Banque centrale et de la couverture médiatique des décisions de politique monétaire, à construire une variable muette d'évènements *a priori* défavorables (par exemple, Aït-Sahalia *et al.*, 2009).

6.2.2.3. Construction de la variable muette à l'aide de tests individuels

Il s'agit de tester l'effet individuel de chacune des dates de réunion et de publication de minutes du FOMC (Mishra *et al.* (2014). Les données d'indices de prix des marchés d'actions utilisées sont quotidiennes, sur la période d'étude s'étendant du 1er janvier 2013 au 15 avril 2015 (voir Figure 3 et Tableau 2).

Nous testons individuellement les effets des dates des réunions et de la publication des minutes des réunions du Comité de politique monétaire de la FED (voir Tableau 3), soit en tout 19 réunions et 18 publications de minutes. Chaque date correspond donc à une variable muette distincte. Les différences premières des indices de marchés d'actions sont régressées successivement sur l'ensemble des variables muettes correspondant aux réunions, puis l'ensemble des variables muettes correspondant aux publications de minutes, soit au total trois séries de régressions (voir Tableaux 5 à 7). Les variables muettes d'évènements sont testées avec trois fenêtres d'évènement différentes : avec une valeur non nulle le premier jour de la réunion (respectivement, le jour de la publication des minutes, notée $\boldsymbol{d1}$), avec une valeur non nulle les deux jours de la réunion (respectivement, le jour et le lendemain de la publication des minutes, notée $\boldsymbol{dd}$), et avec une valeur non nulle le second jour de la réunion (respectivement, le lendemain de la publication des minutes, notée $\boldsymbol{d2}$).

Après avoir vérifié la présence d'effets individuels sur les données de panel (Moulton & Randolph, 1989), les tests sont effectués en effets fixes aléatoires. L'équation testée est la suivante :

$$\Delta y_{i,t} = \alpha + \beta\, D_i + \varepsilon_{i,t} \qquad (9)$$
$$i = 1, \ldots, N,\; t = 1, \ldots, T$$

Où :

Δy est la différence première de la série d'indices de marchés d'actions, et D_i une variable muette correspondant à une catégorie d'évènements donnée (réunions ou publications des minutes).

Dans ce modèle :

$\varepsilon_{i,t} = \alpha_i + e_{i,t}$, $\alpha_i \sim i.i.d.(0, \sigma_\alpha^2)$ correspond aux effets individuels et $e_{i,t} \sim i.i.d.(0, \sigma_e^2)$ à une perturbation aléatoire.

Les résultats des régressions permettent de classer les réunions et publications de minutes en deux catégories : favorable, et défavorable, selon la règle suivante. Plus de trois coefficients significatifs positifs (respectivement, négatifs) correspondent à un évènement favorable (respectivement, défavorable).

On retient finalement 4 réunions (1 d'effet favorable et 3 d'effet défavorable) et 1 publication de minutes (d'effet favorable). Notre objet étant de caractériser les effets des annonces de resserrement de politique monétaire, seules les dates d'effet défavorable sont retenues pour la construction de la variable muette utilisée pour la seconde série de tests. Il s'agit exclusivement de dates de réunions (et non de publications de minutes). Les meetings sélectionnés pour cette première variable muette sont le 9, 17 et 19.

Tableau 3 : Calendrier des réunions et publication des minutes du FOMC

Meeting n°		Minute n°	
1	29/30 janvier 2013	1	20 février 2013
2	19/20 mars 2013	2	10 avril 2013
3	30/1er avril/mai 2013	3	22 mai 2013
4	18/19 juin 2013	4	10 juillet 2013
5	30/31 juillet 2013	5	21 août 2013
6	17/18 septembre 2013	6	9 octobre 2013
7	16 octobre 2013		
8	29/30 octobre 2013	7	20 novembre 2013
9	17/18 décembre 2013	8	8 janvier 2014
10	28/29 janvier 2014	9	19 février 2014
11	18/19 mars 2014	10	9 avril 2014
12	29/30 avril 2014	11	21 mai 2014
13	17/18 juin 2014	12	9 juillet 2014
14	29/30 juillet 2014	13	20 août 2014
15	16/17 septembre 2014	14	8 octobre 2014
16	28/29 octobre 2014	15	19 novembre 2014
17	16/17 décembre 2014	16	7 janvier 2015
18	27/28 janvier 2015	17	18 février 2015
19	17/18 mars 2015	18	8 avril 2015

6.2.2.4. Construction de la variable muette à l'aide de la couverture médiatique

Sur la base de l'article de référence d'Aït-Sahalia *et al.* (2009), nous construisons notre variable muette en étudiant la couverture médiatique des conférences du FOMC sur ses décisions de politique monétaire. Nous utilisons le Financial Times comme échantillon de la couverture médiatique, car ce journal est l'un des plus lus et utilisés par les acteurs des marchés financiers. De plus, il réalise une analyse poussée du marché permettant d'identifier les anticipations de celui-ci sur les actions futures de la FED.

Nous étudions les articles parus les jours des meetings non seulement sur les versions papier, mais aussi directement sur le site du *Financial Times*. Cela met en évidence d'abord, d'un point de vue factuel, qu'on a une occurrence d'articles plus élevée le jour qui suit la conférence de presse du FOMC. Nous avons choisi de ne pas étudier exclusivement la version papier, car les analystes et investisseurs suivant avec intérêt la conférence prennent connaissance des réactions des journaux financiers en direct et n'attendent pas la parution du journal le lendemain pour réagir.

Nous utilisons une période comprenant les deux jours du meeting et le jour qui suit la fin du meeting (J0 à J+3). En général, le premier jour de la réunion du FOMC est caractérisé par des articles résumant les attentes et les anticipations collectées par les journalistes auprès des intervenants des marchés. Le deuxième et le troisième jour sont caractérisés par des articles résumant aussi bien ce qui s'est passé et dit lors de la conférence et les réactions de certains intervenants, que les réactions des marchés eux-mêmes. Par conséquent, l'étude approfondie de ces articles, en se différenciant de la littérature déjà existante qui se focalise davantage sur les « Une » des journaux, permet selon nous d'obtenir une information plus qualitative et d'identifier les meetings où il y a eu un effet de surprise notable.

C'est plus particulièrement cet effet de surprise que nous souhaitons mettre en évidence, car c'est celui-ci qui devrait faire réagir les marchés dans la fenêtre des variables muettes, et donc faire apparaître des effets significatifs associés aux annonces de la FED. Dans les situations où le FOMC effectue des annonces d'ores et déjà anticipées par les marchés, ceux-ci ont une réaction très limitée. Nous avons utilisé trois mots clefs dans le moteur de recherche d'Europresse en indiquant exclusivement le *Financial Times* comme source pour sélectionner les articles nous intéressant. Ces trois mots clefs sont : *taper*, FED et FOMC. Nous avons étudié toutes les dates des meetings du FOMC entre le 1er janvier 2013 et le 15 avril 2015. On retrouve une approche semblable dans les travaux d'Aizenman *et al.* (2014), qui utilisent les *news* de Bloomberg comme couverture médiatique à l'aide des mots clefs suivants : *QE Federal, Federal Reserve Bank of, QE et FED Taper,* en utilisant la base de données *Factiva.*

Le tableau 13 résume les informations collectées pour chacune des dates des meetings du FOMC. Nous retenons ainsi quatre dates pertinentes qui seraient associées à des effets défavorables. Ces dates sont : *mee4, mee9, mee15, mee16*. Les détails sont indiqués dans le tableau 4. C'est avec ces quatre dates que nous construisons la variable muette associée à notre seconde méthodologie.

Parallèlement, nous avons effectué des recherches ciblées aux mêmes dates sur Google actualités pour avoir une vue plus large de la presse lors des meetings, en utilisant deux mots clefs simultanément, FOMC *taper*. Cette approche nous permet de comptabiliser pour chaque meeting le nombre de pages qu'offre le moteur de recherche avec une période de recherche personnalisée correspondant aux deux jours des meetings. Les deux mots clefs sont utilisés concomitamment pour limiter le nombre d'occurrences n'ayant aucun lien avec le *tapering* ou le FOMC. Les résultats constituent une forme de tests de robustesse, à l'aide du moteur de recherche le plus utilisé sur internet au moment de la rédaction de ce document, des résultats obtenus à partir du Financial Times. L'usage exclusif de Google ne permet pas selon nous de sélectionner de manière qualitative les dates qui composent la variable muette, en particulier parce qu'utiliser Google engendre des problèmes supplémentaires d'identification dans le temps. On ne connaît pas, en effet, l'algorithme utilisé pour sélectionner les pages à afficher, qui est d'ailleurs susceptible de varier, ce qui ne permet pas de retrouver les mêmes résultats quelle que soit la date à laquelle on fait la recherche.

On note que la recherche Google confirme l'occurrence très marquée d'articles et avis sur plusieurs dates recoupant les dates retenues soit pour la première variable muette, soit pour la deuxième, soit pour les deux. Enfin, on découvre qu'hormis les deux premières dates et les deux dernières dates du tableau 1, le reste des annonces de *tapering* n'a selon la recherche *Google actualités* et *Financial Times* qu'un impact limité, car les décisions étaient anticipées par les marchés.

Tableau 4 : Dates clefs des réunions du FOMC identifiées à l'aide du *Financial Times*

Mee 4	18-19 juin 2013	La FED annonce le début futur du *tapering* alors que les marchés ne s'y attendaient pas
Mee 9	17-18 décembre 2013	Dans un climat d'incertitude sur le début du *tapering*, la FED confirme sa mise en place
Mee 15	16-17 septembre 2014	Comme attendu par les marchés, la FED poursuit le *tapering*. Mais elle surprend en abordant la question des hausses de taux futures
Mee 16	28-29 octobre 2014	Malgré une anticipation par les marchés de la poursuite normale du *tapering*, la FED annonce le dénouement complet

6.2.2.5. Avantages et inconvénients de la méthodologie qualitative

Ce choix méthodologique de construction de la variable muette présente des avantages et des inconvénients dont il faut tenir compte dans l'interprétation des résultats. Tout d'abord, il permet d'avoir une véritable approche qualitative, c'est-à-dire qu'on peut réellement étudier les anticipations des marchés et les comparer aux actions effectivement réalisées par la FED. Il ne s'agit pas seulement de mesurer le nombre d'articles parus avec les mots clefs et leur importance supposée (en « Une » ou non), mais d'étudier plus finement ce qu'il se passe. Cela permet *a priori* de sélectionner les dates les plus pertinentes et qui sont susceptibles d'être les plus significatives, car les marchés s'adaptent quasiment instantanément aux annonces non anticipées de la FED. Cette méthode permet donc de tenir compte, au moins partiellement, de l'effet de surprise de l'annonce. Toutefois, elle reflète l'interprétation qui est faite de ces annonces par les journaux et les acteurs des marchés, avec ses imperfections.

Malheureusement, cette méthodologie n'est pas exempte d'inconvénients. Certains lui sont intrinsèques. Tout d'abord, l'étude approfondie du contenu des articles nécessite beaucoup plus de temps qu'un simple classement en fonction de la popularité. De plus, il peut résider différents biais de subjectivité, tant dans l'étude des articles que dans la sélection même en choisissant les mots clefs ou bien la source elle-même. Le dernier et principal inconvénient est l'effet de surprise identifié par l'effet constaté par les auteurs des articles sur les marchés financiers, ce qui peut rendre les variables de contrôles sur ces marchés non significatives, car d'ores et déjà prises en compte dans la construction de la variable muette et réciproquement.

6.2.2.6. Interaction avec les caractéristiques domestiques

Il s'agit maintenant de tester l'interaction entre variables d'évènements et caractéristiques domestiques des économies, dans la transmission des décisions de politique monétaire de la FED. La première variable muette d'effets d'annonce est construite par somme des variables muettes individuelles correspondant aux dates de réunions 9, 17 et 19. Pour la seconde variable muette d'effets d'annonce, construite à partir de la couverture médiatique (tableau 4), la seule différence concerne les dates des réunions qui sont quant à elles les réunions 4, 9, 15 et 16.

Cette deuxième série de tests comporte, outre les effets directs de la variable muette utilisée, trois types de variables exogènes : les fondamentaux domestiques des pays de l'échantillon, leurs interactions avec la variable muette d'effets d'annonce, et un ensemble de variables de contrôle internationales (environnement financier international, variables statistiques de politique monétaire de la FED).

Les caractéristiques des pays retenues sont les suivantes. Pour les fondamentaux macroéconomiques : inflation, solde public, balance courante, investissement domestique, épargne domestique ; pour l'intégration commerciale : ouverture commerciale (exportations + importations / PIB) ; pour l'intégration financière : investissements de portefeuilles reçus (en titres de dettes et en actions), IDE reçus, réserves / PIB. La variable d'environnement financier international est l'indice EUROSTOXX50, et la variable statistique de politique monétaire de la FED est le taux effectif des *FED funds* (voir récapitulatif et statistiques descriptives tableaux 8 et 9). Le taux Eonia remplace la variable FED funds dans une partie des estimations du second modèle.

Les coefficients de corrélation de types Pearson, Spearman et Kendall indiquent une forte corrélation entre les fondamentaux macroéconomiques. Nous observons aussi dans certains cas, une forte corrélation entre la variable muette d'effets d'annonce et son interaction avec les fondamentaux domestiques des pays de l'échantillon. Enfin, le test de Hausman indique qu'on ne peut rejeter l'hypothèse nulle d'indépendance entre les erreurs et les variables explicatives. Enfin, le modèle à effets aléatoires n'est pas biaisé.

L'équation testée est donc la suivante :

$$\boldsymbol{\Delta y_{i,t} = \alpha + \beta D_i + \delta D_i x_t + \gamma x_t + \theta z_t + \varepsilon_{i,t}} \quad (10)$$

Avec $i = 1, \ldots, N$; $t = 1, \ldots T$ et $\varepsilon_{i,t} = \alpha_i + e_{i,t}$.

α_i prend en compte certains facteurs individuels non présents dans le modèle et $\varepsilon_{i,t}$ est une perturbation aléatoire.

$\boldsymbol{\Delta y_{i,t}}$ représente la série des différences premières des indices de marchés d'actions.

Les exogènes sont la variable muette construite par somme des vecteurs correspondant aux variables muettes significatives d'effet défavorable à l'étape précédente des tests $\boldsymbol{D_i}$ et son interaction avec les caractéristiques domestiques retenues $\boldsymbol{x_t}$. Ces caractéristiques domestiques sont également testées directement. Enfin, $\boldsymbol{z_t}$ représente les variables de contrôle de l'environnement financier international. Les tests post-estimation d'homoscédasticité intra-individus (Breusch-Pagan, 1980 et White), d'hétéroscédasticité inter-individus (Wald modifié), de corrélation contemporaine entre individus (Breusch-Pagan) et d'autocorrélation intra-individus (Wald) sont effectués, ainsi que le test du biais de cylindrage (Nijman et Verbeek, 1992).

6.2.3. Résultats

En se basant sur les résultats des deux méthodologies précédemment exposées, nous obtenons deux variables muettes d'évènements. La première contient les meetings 9, 17 et 19, tandis que la seconde contient les meetings 4, 9, 15 et 16. Il est important de mentionner que le *mee*14, le meeting du 29 et 30 juillet 2014, ne peut pas être significatif et donc utilisé dans les tests de construction de la variable. Il s'avère qu'à cette date, aucun marché d'action des pays de notre échantillon n'est ouvert durant la fenêtre d'évènement.

Les résultats des tests se trouvent dans les tableaux 10 à 12. Les neuf modèles sont présentés avec les deux variables muettes. Le premier constat qui s'impose est qu'il y a une différence de significativité entre les deux muettes. La première muette, construite à l'aide de tests individuels, est significative à un seuil de 1% dans tous les modèles sauf le quatrième et le sixième où elle l'est à un seuil de 5%. Tandis que la deuxième muette s'avère non significative dans tous les modèles. Une explication possible à cette non significativité est liée aux dates qui la composent. Le quatrième meeting correspond à la première annonce de *tapering* par le FOMC, celui-ci aurait donc eu un effet bien plus important que tout autre meeting. Le coefficient associé aux effets des différentes dates ne serait donc pas stable, ce qui altérerait la significativité de cette muette.

On constate aussi avec cette deuxième variable muette qu'il y a moins de variables d'environnement économique significatives qu'avec la première, d'autant plus que huit des variables significatives le sont à un seuil de 10% seulement. Cependant, la totalité des coefficients des effets directs de ces variables d'environnement domestique ont le même signe avec les deux variables muettes. Quatre variables (dette publique, ouverture commerciale, IDE reçus, inflation) ont un signe différent du coefficient de leur effet croisé avec la variable muette.

Dans le cas de la première variable muette, on peut voir que son signe est toujours négatif conformément à l'effet attendu et le coefficient est stable dans une fourchette assez étroite (valeurs comprises entre -0,7 et -3,4 environ).

S'agissant des effets directs des variables macroéconomiques de contrôle présentées dans les tableaux 10 et 11 (fondamentaux macroéconomiques), ils sont également conformes aux attentes pour la plupart d'entre eux. Ainsi, un solde supérieur de la balance des paiements courants et un niveau d'investissement supérieur ont un effet direct favorable sur les indices de marchés d'actions des pays de l'échantillon. Par ailleurs, un niveau d'ouverture supérieur a un effet direct défavorable, dont l'interprétation est plus ambiguë puisque l'ouverture commerciale résulte à la fois des montants d'importations et d'exportations. Les effets directs positifs de l'inflation et de la dette publique sont également facilement interprétables : dans le premier cas, par l'association d'un niveau relativement élevé d'inflation à un niveau également relativement élevé de croissance domestique ; et dans le second cas par l'effet multiplicateur de la dette publique.

Cependant, les effets croisés des variables de contrôle pouvant être associées à l'extraversion des économies (balance des paiements courants, dette publique, ouverture) sont tous les trois contraires à leurs effets directs. Ainsi, une amélioration du solde de la balance des paiements courante a un effet direct favorable sur les indices de marchés d'actions des pays de l'échantillon, mais présente un effet croisé significatif défavorable avec les annonces de politique monétaire internationale. Il en va de même pour la dette publique (avec un effet indirect défavorable largement supérieur à l'effet direct favorable) et l'ouverture commerciale (avec un effet indirect favorable contrairement à son effet direct défavorable, ce dernier étant de bien moindre intensité).

Les résultats relatifs aux effets indirects de certaines variables de contrôle non associées à l'extraversion des économies (inflation, investissement) sont également intéressants. L'inflation et l'investissement domestique ont des effets équivoques, comme la balance des paiements courants et la dette publique : respectivement, direct favorable et indirect défavorable dans le cas de l'inflation ; et direct défavorable et indirect favorable dans le cas de l'investissement domestique. Dans les deux cas, l'intensité est plus forte pour l'effet indirect que pour l'effet direct.

S'agissant des effets des variables de flux de capitaux (Tableau 12), aucune des trois variables n'a simultanément un effet direct et un effet indirect significatifs. Ainsi, c'est uniquement l'effet indirect qui est significatif (négatif) pour les investissements de portefeuille et les IDE reçus. Au contraire, le niveau des réserves rapporté au PIB a seulement un effet direct significatif (à 10%). D'ailleurs, paradoxalement, il est défavorable (peut-être associé à des choix de *politique* monétaire ayant des effets de court terme défavorables aux marchés d'actions).

Enfin, s'agissant des variables de contrôle de l'environnement financier international (Tableaux 10 à 12), la variable Eurostoxx n'est jamais significative. Au contraire, le taux des FED funds est significatif dans sept modèles sur neuf (à 1% dans cinq modèles et 10% dans deux modèles). Quel que soit le modèle considéré, elle a un effet négatif avec un coefficient compris entre 2,4 et 5,5. Ce qui signifie qu'une hausse des taux FED funds a un effet négatif sur les pays de notre échantillon[1].

Les marchés d'actions des pays de notre échantillon sont donc effectivement sensibles aux effets d'annonces de la FED, bien qu'encore faiblement développés. Il est donc important pour eux aussi de prendre en compte cette question et de tenter d'en limiter les effets. En mettant en place les réformes financières visant à s'intégrer au système financier mondial, les pays du Maghreb risquent de devenir plus sensibles aux effets d'annonces. En outre, l'intégration commerciale a également un effet fragilisant (signe négatif de l'ouverture commerciale).

Conclusion

Notre étude s'inscrit dans un contexte où la FED est déjà engagée dans la sortie des PMNC, avec des premiers effets unanimement considérés comme déstabilisants pour les marchés émergents. Il est d'autant plus nécessaire de préciser ce constat que cette normalisation de politique monétaire n'en est qu'à ses débuts ; et que ses effets seront renforcés par la normalisation de politique monétaire de la BCE quand celle-ci aura lieu. Par ailleurs, la

[1] Nous avons procédé à des tests alternatifs en remplaçant la variable FED funds par la variable Eonia. Cependant, cette variable s'avère non significative dans tous les modèles testés.

littérature ne donne pas à notre connaissance de réponses spécifiques sur ces questions dans le cas des économies d'Afrique du Nord.

Nous proposons une évaluation empirique appliquée aux trois pays dont les marchés d'actions sont les plus développés, sur la base de variables d'évènements construites selon deux méthodologies distinctes : d'une part, le test individuel de chacune des dates d'évènements possibles puis l'agrégation des seules dates significatives défavorables ; d'autre part, l'analyse de la couverture médiatique. Nous concluons à un effet significatif des mesures prises pendant la période d'étude. Cependant, la significativité de la variable muette construite par la seconde méthodologie est faible, ce que peut expliquer la présence dans cette variable d'une date dont les effets sont supposés beaucoup plus importants. La réalisation de tests non paramétriques, qui constitue un prolongement possible de ce travail, devrait permettre de confirmer cette hypothèse.

Sur le plan des recommandations de politique économique, nos conclusions invitent à la prudence en matière d'ouverture financière, à la fois parce que les effets des décisions de politique monétaire internationale sur les pays de l'échantillon sont d'ores et déjà avérés alors même que les coûts de financement à long terme sur les marchés financiers internationaux sont encore peu affectés ; et parce que les variables domestiques d'ouverture, dont l'effet direct est favorable conformément à l'intuition, peuvent néanmoins avoir des effets croisés défavorables.

Références

Ahmed, S. and A. Zlate (2014, November). Capital flows to emerging market economies: A brave new world? *Journal of International Money and Finance* 48, Part B, 221–248.

Ait-Sahalia, Y., J. Andritzky, A. Jobst, S. Nowak, and N. Tamirisa (2012). Market response to policy initiatives during the global financial crisis. *Journal of International Economics 87* (1), 162–177.

Aizenman, J., M. Binici, and M. M. Hutchison (2014, March). The Transmission of Federal Reserve Tapering News to Emerging Financial Markets. *Working Paper 19980, National Bureau of Economic Research.*

Bernanke, B. (2013, May). Statement by Ben S. Bernanke chairman board of governors of the federal reserve system before the joint economic committee U.S. congress; https://www.federalreserve.gov/newsevents/testimony/bernanke20130522a.htm.

Bowman, D., J. M. Londono, and H. Sapriza (2015, July). U.S. unconventional monetary policy and transmission to emerging market economies. *Journal of International Money and Finance* 55, 27–59.

Breusch, T. S. and A. R. Pagan (1980). The lagrange multiplier test and its applications to model specification in econometrics. *The Review of Economic Studies* 47, 239–253.

Cetorelli, N. and L. S. Goldberg (2011, April). Global Banks and International Shock Transmission: Evidence from the Crisis. *IMF Economic Review* 59 (1), 41–76.

Eichengreen, B. (2010, March). Lessons of the crisis for emerging markets. International Economics and Economic Policy 7 (1), 49–62.

Eichengreen, B. and P. Gupta (2015, December). Tapering talk: The impact of expectations of reduced Federal Reserve security purchases on emerging markets. *Emerging Markets Review* 25, 1–15.

Korinek, A. (2010, May). Regulating Capital Flows to Emerging Markets: An Externality View. *National Bureau of Economic Research.*

Mishra, P., K. Moriyama, and P. N'Diaye (2014, June). Impact of Fed Tapering Announcements on Emerging Markets. *IMF Working Paper* 14/109, International Monetary Fund.

Moulton, B. R. and W. C. Randolph (1989). Alternative tests of the error components model. *Econometrica*: Journal of the Econometric Society 57, 685–693.

Nijman, T. and M. Verbeek (1992). Nonresponse in panel data : The impact on estimates of a life cycle consumption function. *Journal of Applied Econometrics* 7 (3), 243–257.

Rai, V. and L. Suchanek (2014). The Effect of the Federal Reserve's Tapering Announcements on Emerging Markets. *Staff Working Paper 14-50, Bank of Canada.*

Sahay, R., V. Arora, T. Arvanitis, H. Faruqee, P. N'Diaye, and T. M. Griffoli (2014). Emerging market volatility: Lessons from the taper tantrum. *Technical report, International Monetary Fund.*

Takáts, E. (2010, June). Was it credit supply? cross-border bank lending to emerging market economies during the financial crisis. *BIS Quarterly Review.*

Annexes

Tableau 5 : Indices de marchés d'actions et annonces du FOMC : variable muette d1

Meet1	-0.485 (0.856)	Min1	-0.068 (0.24)	Meet11	0.09 (0.214)	Min11	-0.238 (0.218)
Meet2	0.241 (0.22)	Min2	-0.074 (0.077)	Meet12	-0.466*** (0.039)	Min12	-0.238 (0.218)
Meet3	-0.7 (0.521)	Min3	-0.009 (0.4)	Meet13	-0.8 (0.784)	Min13	0.47*** (0.177)
Meet4	0.52 (1.2)	Min4	0.172 (0.194)	Meet15	0.404 (0.532)	Min14	-0.152*** (0.034)
Meet5	-0.283 (0.796)	Min5	0.196 (0.192)	Meet16	1.065*** (0.526)	Min15	0.298 (0.334)
Meet6	-0.283* (0.151)	Min6	-0.046 (0.428)	Meet17	-1.462 (2.18)	Min16	0.434 (0.581)
Meet8	0.102 (0.15)	Min7	0.481 (0.511)	Meet18	0.483 (0.7)	Min17	0.339 (0.7)
Meet9	0.156 (0.57)	Min9	0.713 (0.661)	Meet19	0.195 (0.126)	Min18	0.076 (0.555)
Meet10	0.609 (0.635)	Min10	0.687*** (0.309)	R2	0.56		0.99

Pour les tableaux 5 à 7 : modèles : anel effets aléatoires (RE), correction de l'hétéroscédasticité (Huber-White), utilisant les observations 2013/01/01-2015/04/15. Variables dépendantes : delta_casa (T = 474), delta_tunis (T = 470), delta_caire (T = 466). Écarts types entre parenthèses. *, ** et *** correspondent à une significativité de la variable aux seuils respectifs de 10, 5 et 1%. Notes : les évènements omis correspondent à des dates pour lesquelles la valeur de la série de différences premières des indices de marchés d'actions est manquante. Les résultats sans correction de l'hétéroscédasticité sont disponibles sur demande.

Tableau 6 : Indices de marchés d'actions et annonces du FOMC : variable muette dd

dd_meet1	-0.16	dd_min1	0.027	dd_meet11	0.291	dd_min11	0.064
	(0.133)		(0.111)		(0.352)		(0.23)
dd_meet2	-0.189	dd_min2	0.209	dd_meet12	0.063	dd_min12	-0.032
	(0.158)		(0.277)		(0.309)		(0.097)
dd_meet3	-0.074	dd_min3	-0.4	dd_meet13	-0.323	dd_min13	0.098
	(0.519)		(0.498)		(0.273)		(0.314)
dd_meet4	0.312	dd_min4	-0.042	dd_meet14		dd_min14	-0.214
	(0.281)		(0.113)				(0.169)
dd_meet5	0.003	dd_min5	0.332***	dd_meet15	0.423	dd_min15	0.36***
	(0.18)		(0.057)		(0.34)		(0.161)
dd_meet6	-0.306***	dd_min6	0.287	dd_meet16	1.228**	dd_min16	0.22
	(0.065)		(0.603)		(0.67)		(0.35)
dd_meet7		dd_min7	0.044	dd_meet17	-1.753	dd_min17	0.243
			(0.165)		(2.345)		(0.317)
dd_meet8	0.118	dd_min8	0.171	dd_meet18	0.061	dd_min18	0.485
	(0.337)		(0.381)		(0.075)		(0.598)
dd_meet9	-0.058	dd_min9	0.577	dd_meet19	-0.809***	dd_min19	
	(0.355)		(0.43)		(0.309)		
dd_meet10	0.269	dd_min10	0.832				
	(0.321)		(0.715)	R2	0.09		0.39

Tableau 7 : Indices de marchés d'actions et annonces du FOMC : variable muette d2

d2_meet1	0.17	d2_min1	0.111***	d2_meet11	0.497	d2_min11	0.354
	(0.594)		(0.044)		(0.51)		(0.661)
d2_meet2	-0.821	d2_min2	0.387	d2_meet12	0.596	d2_min12	-0.269
	(0.631)		(0.561)		(0.586)		(0.266)
d2_meet3		d2_min3	-0.804	d2_meet13	0.16	d2_min13	-0.286
			(0.641)		(0.248)		(0.813)
d2_meet4	0.108	d2_min4	-0.268	d2_meet14		d2_min14	-0.266
	(0.361)		(0.361)				(0.247)
d2_meet5	0.352	d2_min5	0.456***	d2_meet15	0.447***	d2_min15	0.392***
	(0.413)		(0.081)		(0.22)		(0.147)
d2_meet6	-0.324	d2_min6	0.608	d2_meet16	1.396	d2_min16	-0.006
	(0.206)		(0.793)		(1.136)		(0.581)
d2_meet7		d2_min7	-0.406	d2_meet17	-2.04	d2_min17	0.135
			(0.287)		(2.552)		(0.852)
d2_meet8	0.137	d2_min8	0.517	d2_meet18	-0.356	d2_min18	1.084*
	(0.598)		(0.478)		(0.678)		(0.577)
d2_meet9	-0.267*	d2_min9	0.429*	d2_meet19	-1.81***	d2_min19	
	(0.162)		(0.248)		(0.58)		
d2_meet10	-0.067	d2_min10	0.965				
	(0.073)		(1.111)	R2	0.02		0.09

Tableau 8 : Variables domestiques et internationales : ouverture commerciale, systèmes de financement domestiques

Statistiques descriptives					
Variable	Obs	Mean	Std. Dev.	Min	Max
Act	1845	112.2305	23.10859	80.27828	178.2916
Balance	2730	-5.386385	2.849854	-8.922	-.823
Inflation	2730	5.1236	3.27927	.443	10.261
investment	2730	23.02436	8.315036	14.047	34.265
savings	2730	17.5853	7.364411	11.289	30.072
debt	1820	72.04926	8.68112	62.882	83.002
openness	2730	2.195297	2.481643	-3.565418	4.373631
eurostox	1911	113.6026	11.3141	92.64472	141.2183
fundsfed	2730	.1023077	.0224911	.07	.15

Matrice des corrélations									
	act	balance	inf	Inv	savings	debt	Open	eurostox	fundsfed
balance	0.6062 ***	1.0000							
inflation	0.4460 ***	0.6563 ***	1.0000						
investment	-0.4281 ***	-0.8238 ***	-0.6541 ***	1.0000					
savings	-0.1943 ***	-0.5339 ***	-0.8776 ***	0.7100 ***	1.0000				
debt	0.7323 ***	0.9124 ***	0.7439 ***	-0.7362 ***	-0.6215 ***	1.0000			
openness	-0.1957 ***	0.0336	-0.1097 ***	-0.0358	-0.2629 ***	0.1464 ***	1.0000		
eurostox	0.6914 ***	0.2440 ***	-0.0085	0.0454	0.2403 ***	0.4267 ***	-0.0479	1.0000	
fundsfed	0.0574 *	-0.0481	0.1084 ***	0.2387 ***	-0.0444	0.0723 **	0.1361 ***	0.0680 **	1.0000

*, ** et *** correspondent à une significativité aux seuils respectifs de 10, 5 et 1%.

Tableau 9 : Variables domestiques et internationales : ouverture financière

Statistiques descriptives					
Variable	Obs	Mean	Std. Dev.	Min	Max
Act	1845	112.2305	23.10859	80.27828	178.2916
Fdi	1456	3.35e+09	1.42e+09	1.06e+09	4.78e+09
Portfolio	1456	4.42e+07	3.25e+08	-4.31e+08	4.85e+08
Reserve	1820	.1299217	.0609212	.0520943	.1907341
Eurostox	1911	113.6026	11.3141	92.64472	141.2183
Fundsfed	2730	.1023077	.0224911	.07	.15

Matrice des corrélations						
	act	fdi	portfolio	Reserve	eurostox	fundsfed
fdi	0.4430 ***	1.0000				
portfolio	0.6388 ***	0.1186 ***	1.0000			
reserve	-0.6601 ***	-0.7244 ***	-0.3942 ***	1.0000		
eurostox	0.5515 ***	0.5076 ***	0.5118 ***	-0.5114 ***	1.0000	
fundsfed	-0.0376	-0.1416 ***	-0.1428 ***	0.1477 ***	-0.5338 ***	1.0000

*, ** et *** correspondent à une significativité de la variable aux seuils respectifs de 10, 5 et 1%.

Tableau 10 : Indices de marchés d'actions, annonces du FOMC et ouverture commerciale

	Muette I				Muette II					
	Modèle 1	Modèle 2		Modèle 3	Modèle 1		Modèle 2		Modèle 3	
Muette		-1.208 ***		-2.873 ***	0.5		0.499		0.705	
	(0.79)	(0.527)		(0.518)	(0.316)		(0.316)		(0.458)	
Interaction Balance	-0.495 ***					-0.034				
	(0.134)					(0.049)				
Interaction Dette			-0.018 ***					0.011*		
			(0.007)					(0.006)		
Interaction Ouverture				0.898 ***						-0.002
				(0.154)						(0.097)
Balance	0.024 ***				0.021*	0.021**				
	(0.01)				(0.01)	(0 .011)				
Dette		0.009 *	0.009 *				0.009 *	0.009 *		
		(0.005)	(0.005)				(0.005)	(0.005)		
Ouverture				-0.031 ***					-0.025 ***	-0.025 ***
				(0.112)					(0.012)	(0.012)
Eurostox	-0.000	-0.001	-0.001	-0.001	-0.000	-0.000	-0.001	-0.001	-0.001	-0.001
	(0.003)	(0.004)	(0.004)	(0.003)	(0.003)	(0.002)	(0.003)	(0.003)	(0.003)	(0.004)
FED funds	-3.364 ***	-5.405 ***	-5.4 ***	-2.493 *	-3.311 ***	-3.38 ***	-2.644 **	-2.755 ***	-5.259 ***	-5.248 ***
	(1.287)	(1.868)	(1.867)	(1.309)	(1.295)	(1.296)	(1.326)	(1.327)	(1.873)	(1.873)
Constante	0.549	0.11	0.098	0.317	0.528	(0.56)	0.279	0.311	0.087	0.089
	(0.344)	(0.554)	(0.553)	(0.32)	(0.345)	(0.345)	(0.324)	(0.324)	(0.555)	(0.555)
Obs.	1391	928	928	1391	1391	1391	1391	1391	928	928
R2	0.67	0.99	0.99	0.89	0.67	0.66	0.87	0.87	0.99	0.99

Modèles : Panel effets aléatoires, correction de l'hétéroscédasticité (Huber-White), utilisant les observations 2013/01/01-2015/04/15. Variables dépendantes : delta_casa (T = 474), delta_tunis (T = 470), delta_caire (T = 466). Écarts types entre parenthèses. *, ** et *** correspondent à une significativité de la variable aux seuils respectifs de 10, 5 et 1%. Notes : les évènements omis correspondent à des dates pour lesquelles la valeur de la série de différences premières des indices de marchés d'actions est manquante. Les résultats sans correction de l'hétéroscédasticité sont disponibles sur demande.

Tableau 11 : Indices de marchés d'actions, annonces du FOMC et systèmes de financement domestiques

	Muette I				Muette II					
	Modèle 4	Modèle 5		Modèle 6	Modèle 4		Modèle 5		Modèle 6	
Muette	-0.718 ** (0.364)		2.576 *** (1.063)	-0.718 ** (0.364)		0.5 (0.316)		0.5 (0.316)		0.5 (0.316)
Interaction Inflation		-0.189 *** (0.059)					0.104 * (0.053)			
Interaction Investis-sement			0.081* (0.044)						0.014 (0.013)	
Interaction Épargne					-0.029 (0.019)					
Inflation	0.019 *** (0.009)	0.02 *** (0.009)				0.019 *** (0.316)	0.018 *** (0.009)			
Investis-sement			-0.007 * (0.004)					-0.006 * (0.004)	-0.006 * (0.004)	
Épargne				-0.005 (0.004)	-0.005 (0.004)					-0.005 (0.004)
Eurostox	0.001 (0.003)	0.001 (0.003)	0.001 (0.003)	0.001 (0.003)	0.001 (0.003)	0.001 (0.003)	0.001 (0.003)	0.001 (0.003)	(0.001) (0.003)	0.001 (0.003)
FED funds	-3.377 *** (1.292)	-2.367 *** (1.289)	-3.331 *** (1.292)	-3.333 *** (1.294)	-3.334 *** (1.294)	-3.275 *** (1.295)	-3.269 *** (1.294)	-3.236 *** (1.295)	-3.272 *** (1.296)	-3.23 *** (1.296)
Constante	0.254 (0.325)	0.241 (0.324)	0.482 (0.336)	0.384 (0.33)	0.384 (0.33)	0.236 (0.325)	0.238 (0.325)	0.453 (0.337)	0.467 (0.337)	0.366 (0.33)
Obs.	1391	1391	1391	1391	1391	1391	1391	1391	1391	1391
R2	0.92	0.92	0.81	0.52	0.52	0.92	0.92	0.81	0.81	0.52

Modèles : Panel effets aléatoires, correction de l'hétéroscédasticité (Huber-White), utilisant les observations 2013/01/01-2015/04/15. Variables dépendantes : delta_casa (T = 474), delta_tunis (T = 470), delta_caire (T = 466). Écarts types entre parenthèses. *, ** et *** correspondent à une significativité de la variable aux seuils respectifs de 10, 5 et 1%. Notes : les évènements omis correspondent à des dates pour lesquelles la valeur de la série de différences premières des indices de marchés d'actions est manquante. Les résultats sans correction de l'hétéroscédasticité sont disponibles sur demande.

Tableau 12 : Indices de marchés d'actions, annonces du FOMC et ouverture financière

	Muette I				Muette II					
	Modèle 7	Modèle 8		Modèle 9	Modèle 7		Modèle 8		Modèle 9	
Muette	-1.705 *** (0.6)	-1.632 *** (0.491)		-2.045 *** (0.601)		0.591 (0.434)	0.484 (0.35)		0.598 (0.429)	
Interaction Portefeuille	-7.53 *** (1.83)					1.69 (1.32)				
Interaction Réserve			-5.322 (3.435)					1.446 (2.441)		
Interaction IDE					-6.96 *** (1.64)					2.28 * (1.18)
Portefeuille	1.53 (1.68)					1.09 (1.72)				
Réserve		-1.166 * (0.596)	-1.137 * (0.599)				-1.166 * (0.599)	-1.182 ** (0.6)		
IDE				2.32 (3.51)	2.72 (3.49)				2.39 (3.53)	2.13 (3.53)
Eurostox	0.01 (0.008)	0.005 (0.005)	0.005 (0.005)	0.01 (0.008)	0.01 (0.008)	0.01 (0.009)	0.005 (0.005)	0.005 (0.005)	0.011 (0.008)	0.011 (0.008)
FED funds	-2.112 (2.04)	-2.847 * (1.742)	-2.821 * (1.751)	-2.494 (2.055)	-2.402 (2.045)	-2.155 (2.081)	-2.663 (1.753)	-2.734 (1.754)	-2.113 (2.071)	-2.092 (2.067)
Constante	-0.729 (1.019)	-0.048 (0.702)	-0.058 (0.705)	-0.834 (0.919)	-0.861 (0.915)	-0.742 (1.038)	-0.096 (0.706)	-0.073 (0.706)	-0.915 (0.924)	-0.914 (0.924)
Obs.	729	914	914	729	729	729	914	914	729	729
R2	0.99	0.99	0.99	0.87	0.87	0.99	0.99	0.99	0.87	0.87

Modèles : Panel effets aléatoires, correction de l'hétéroscédasticité (Huber-White), utilisant les observations 2013/01/01-2015/04/15. Variables dépendantes : delta_casa (T = 474), delta_tunis (T = 470), delta_caire (T = 466). Écarts types entre parenthèses. *, ** et *** correspondent à une significativité de la variable aux seuils respectifs de 10, 5 et 1%. Notes : les évènements omis correspondent à des dates pour lesquelles la valeur de la série de différences premières des indices de marchés d'actions est manquante. Les résultats sans correction de l'hétéroscédasticité sont disponibles sur demande.

Tableau 13 : Réunions du FOMC, anticipations et annonces

Meeting	Prévision avant annonce	Annonces du meeting	Effet	Moment clefs du *tapering*	Articles FT ("FOMC", "taper", "Fed")
mee1	Maintien du QE au même niveau	Pas de changement Poursuite du QE pour plusieurs mois	Peu significatif	-	Faible (3,0,23)
mee2	Maintien du QE au même niveau	Maintien du QE Baisse future possible.	Marchés rassurés. Inquiets baisse future	-	Faible (3,1,27)
mee3	Maintien du QE au même niveau	Maintien du QE Position neutre (hausse ou baisse possible)	Marchés rassurés. Pas de *tapering* anticipé	-	Faible (9,1,40)*
mee4	Inattendue (*tapering* non prévu)	Annonce du *tapering* plus tard dans l'année	Chute des cours boursiers	Annonce du *tapering* (85bn $)	Nombreux (5, 17, 42)
mee5	Pas de *tapering* car données négatives. Possible en septembre	Maintien du QE. Pas de *tapering* (données éco. non favorables)	*Tapering* pas avant septembre	-	Faible (8,8,56)*
mee6	Début du *tapering* spéculations et recommandations)	Report du *tapering*	Négatif	-	Très nombreux (15, 39, 95)
mee7	Report du *tapering*. Il paraît peu probable pour 2013	Report du *tapering*	Peu d'impact	-	Moyen (0,24,37)
mee8	Maintien du QE au même niveau, au moins jusqu'à 2014	Maintien du QE. Mais possibilité d'un *tapering* en décembre	Baisse actions, hausse dollar. *Tapering* pour décembre	-	Faible (2,14,37)
mee9	Début du *tapering* (même si beaucoup d'incertitudes)	Début du *tapering*	Hausse des marchés d'actions U.S. et hausse du dollar	Début du *tapering* (- 10bn $) 75bn$	Nombreux (6, 49, 72)
mee10	Poursuite du *tapering*. Fed considérée en pilote automatique	Poursuite du *tapering*	Peu de réaction car peu d'attente	(- 10bn$) 65bn$	Moyen (4,26,43)*
mee11	Poursuite du *tapering*. Prise en comptes chômage + données éco	Poursuite du *tapering*. Utilisation données éco. Hausse des taux possible dans 6 mois	Légère baisse actions U.S. Hausse taux dans longtemps	(-10bn$) 55bn$	Faible (9,8,37)*
Meeting	Prévision avant Annonce	Annonces du meeting	Effet	Moment clefs du *tapering*	Articles FT ("FOMC", "taper", "Fed")
mee12	Poursuite du *tapering*. Date de remontée des taux ?	Poursuite du *tapering* correspondant aux attentes	Marchés préoccupés par la hausse des taux	(-10bn$) 45bn$	Faible (5, 8, 34)

mee13	Poursuite du *tapering*. Possibilité d'une hausse de taux pour 2015.	Poursuite du *tapering*. Prévisions pessimistes, taux bas longtemps	Du mal à comprendre. U.S.A : Hausse actions/obligations stables	(-10bn$) 35bn$	Faible (6,6,43)
mee14	Poursuite du *tapering* de 10bn$	*Tapering* $10bn. Taux bas longtemps. Octobre : Fin du *tapering*	Questions sur début de la hausse des taux	(-10bn$) 25bn$	Moyen (4,11,42)
mee15	Poursuite du *tapering* de 10bn$	Poursuite du *tapering*. Fin du QE le mois suivant. Hausse des taux future	Hausse des taux, marchés surpris. Hausse actions/obligation U.S.	(-10bn$) 15bn$	Moyen (7,12,51)
mee16	Nouvelle baisse du QE, en laissant $10bn	Fin du QE. Hausse des taux possible en 2015	Non anticipé aussi fort. Forte réaction	Fin du *tapering* (du QE) (-15bn$)	Faible (6, 8, 43)
mee17	Question sur la prise en compte de la situation internationale défavorable	« Approche prudente » + « patience ». Objectif de remontée des taux	Positif sur les marchés boursiers	–	Faible (5, 1, 32)
mee18	Message identique au précédent. Peu d'attente	Maintien du signal de patience, mais situation qui s'améliore	Pas de hausse de taux prévue avant juin	–	Faible (14,0,31)
mee19	Annonces de hausse de taux future. Fin du signal de patience	Hausse des taux serait « réfléchie » et « pas immédiate ». Signe d'une situation moins bonne que prévu ?	Mitigé (signaux contradictoires)	–	Moyen (13, 7, 59)

*Dates auxquelles un évènement sans lien a augmenté l'occurrence d'un des mots clefs

Table des matières

Économie et Entreprise
aux éditions L'Harmattan

Dernières parutions

POLITIQUE ET ÉCONOMIE
10 mesures phares pour un monde meilleur
Marquez-Velasco Adrien
Dans ce livre est proposé un système économique d'une nouvelle ampleur qui s'intitule le «coordonnisme». Il s'agit d'un régime réunissant les qualités du capitalisme et du communisme. Il présente comme mesures la coordination des politiques monétaires, budgétaires et financières afin de réguler les consommations intérieures et extérieures, l'épargne, l'investissement, l'inflation et le chômage vers un taux optimal de croissance économique.
(Coll. L'Esprit Économique, série Krisis, 20.00 euros, 194 p.)
ISBN : 978-2-343-07529-7, ISBN EBOOK : 978-2-336-39887-7

AUX FRONTIÈRES DU MANAGEMENT
Manifeste pour un temps d'exigence
Massé Francis
Le management est l'une des clefs pour faire advenir une société meilleure, forte d'organisations efficaces. À cet égard, la notion de frontière fait sens. Le management s'inscrit dans une réalité, sinon il n'est rien. Le management traverse aussi des découpages disciplinaires multiples qu'il doit relier : il est frontière. Il constitue enfin un levier pour transgresser des limites artificielles et élargir le champ des possibles, où règnent l'imagination créatrice et l'innovation.
(Coll. Local et Global, 14.00 euros, 122 p.)
ISBN : 978-2-343-07517-4, ISBN EBOOK : 978-2-336-39760-3

LA LUTTE DES NORMES AU TRAVAIL
Faulkner Marcel - Préface de Jean-Pierre Durand
Aborder l'analyse du travail et de l'organisation sous l'angle de la normalisation permet d'atteindre deux objectifs. Comprendre que l'organisation est traversée par une lutte des normes dont les formes sont multiples et qui vont de la collaboration à la confrontation. Constater que cette lutte ne se limite pas au seul domaine des opérations courantes des organisations, mais qu'elle concerne aussi les choix stratégiques et les grands enjeux du travail et de l'emploi.
(Coll. Logiques sociales, 29.50 euros, 286 p.)
ISBN : 978-2-343-07381-1, ISBN EBOOK : 978-2-336-39859-4

GOUVERNANCE ET INTELLIGENCE ÉCONOMIQUE EN PME
Sous la direction de Daniel Corfmat, Marc Chambault et Georges Nurdin
L'intelligence économique est devenue un mode de gestion et de gouvernance de l'entreprise. Cet ouvrage réfléchit sur la démarche que le chef d'entreprise peut entreprendre pour éclairer ses décisions, garder sa marge de manœuvre de compétitivité et toutes ses possibilités de développement afin de sécuriser sa pérennité. Vous trouverez des recommandations pratiques qui tentent d'aider le dirigeant à aborder ce qui est devenu un enjeu majeur de la protection de son capital.
(Coll. Gouvernance et entreprise, 11.00 euros, 70 p.)
ISBN : 978-2-343-06861-9, ISBN EBOOK : 978-2-336-39734-4

LA POSTE, QUELLE AVENTURE !
L'informatisation du tri postal et autres chantiers hauts en couleur
Lenoir Olivier
Préface de Laurent Chaffard
Ce récit de quarante ans de carrière «aux PTT» parle du plaisir de créer, mais aussi des pesanteurs hiérarchiques et des souffrances du harcèlement moral. Il parle d'un avenir où les valeurs de coopération, d'entraide, de solidarité pourraient remplacer la course au profit, la concurrence illusoirement «libre» et le chacun pour soi. Le management et l'innovation, l'évolution de l'informatique et du service public sont des thèmes qui s'entrecroisent dans ce témoignage optimiste.
(17.50 euros, 164 p.)
ISBN : 978-2-343-07666-9, ISBN EBOOK : 978-2-336-39881-5

INTELLIGENCE DE L'INFORMATION
Entre état d'esprit et stratégie d'organisation
Mallowan Monica
En plus de contribuer à l'avancement des connaissances en matière de modèles traitant de management de l'information stratégique et des pratiques informationnelles, reliées à leur application en organisation, cet ouvrage aborde les champs de la littératie, de la culture et de l'intelligence de l'information. Une proposition est faite au sujet de leur mise en relation dialogique et systémique, dans un effort de construction d'une double mutation transdisciplinaire, celle du nouveau statut d'informateur et du concept de transculture de l'information.
(Coll. Intelligence économique, 36.00 euros, 354 p.)
ISBN : 978-2-343-06623-3, ISBN EBOOK : 978-2-336-39756-6

FISCALITÉ ENVIRONNEMENTALE
Entre impératifs fiscaux et objectifs environnementaux, une approche conceptuelle de la fiscalité environnementale
Caruana Nicolas
Préface de Thierry Lambert
La fiscalité environnementale intéresse relativement peu les juristes et représente en pratique une part très faible des recettes fiscales des États. Souvent limitée aux écotaxes, cette notion que cette thèse se propose de définir présente de multiples dimensions, tant fiscales qu'économiques, tant politiques qu'écologiques. Caractérisée par son efficience environnementale, elle n'a en réalité ni le champ d'application ni la portée que lui prête le discours politique.
(Coll. Finances publiques, 43.00 euros, 514 p.)
ISBN : 978-2-343-07550-1, ISBN EBOOK : 978-2-336-39716-0

LA MAGIE DES JUSTES PROPORTIONS
Restructuration financière d'un LBO avec apport de new money
Journo Albert
Comment opérer la restructuration financière du capital d'une entreprise de taille moyenne sous LBO (Leveraged Buy out) en période de turbulence opérationnelle ? Plusieurs scenarii sont imaginés selon l'évolution de la perception du pronostic de rétablissement. Un cas réel vient étalonner les raisonnements variés déterminant les nombreux paramètres suivant de justes proportions et des désirs, emportant d'emblée l'adhésion de tous. Cet ouvrage donne un éclairage original sur un comment faire.
(Coll. Ad valorem, 25.00 euros, 238 p.)
ISBN : 978-2-343-07914-1, ISBN EBOOK : 978-2-336-39861-7

L'ÉCONOMIE A-T-ELLE UN SENS ?
Essai
Vadjoux Philippe
Le profit est-il légitime s'il ne tient pas compte des coûts sociaux et environnementaux ? L'économie n'est pas d'origine divine ou naturelle, elle dépend de nous, elle évolue. La recherche d'une nouvelle économie plus démocratique, plus créative, plus diversifiée au service des êtres

humains et respectueuse de la planète n'est pas utopique. Elle existe au travers d'idées, de projets, d'expériences. Une mutation est possible.
(29.00 euros, 346 p.)
ISBN : 978-2-343-07479-5, ISBN EBOOK : 978-2-336-39587-6

L'ÉCOLOGIE AU SECOURS DE L'ÉCONOMIE
Inventer les outils d'une nouvelle prospérité
Coutouly Rodrigue
Comment expliquer notre difficulté à relancer l'économie ? Cet ouvrage explore une hypothèse originale : la reprise ne se fait pas car nous atteignons les limites de nos ressources naturelles. L'auteur travaille donc sur les différentes pistes possibles pour construire le développement durable d'une société et d'une économie qui retrouveraient leur cohérence. Les solutions devront s'appuyer sur des politiques publiques imaginatives, audacieuses autant que réalistes, particulièrement en matière de fiscalité et d'investissement.
(Coll. Sociologies et Environnement, 27.00 euros, 260 p.)
ISBN : 978-2-343-06652-3, ISBN EBOOK : 978-2-336-39638-5

L'ÉCONOMIE EN QUESTION
Regards et apports des spiritualités et des religions
Textes rassemblés par Jan-Luc Castel et Vincent Pilley
La vie économique est aujourd'hui bouleversée et altère même le lien social. Où puiser l'énergie de résister à ces dévastations ? Comment régénérer les liens humains dans la société ? Quelles ressources mobiliser pour «changer les règles du jeu» ? Juifs, bouddhistes, chrétiens, musulmans, athées, libres penseurs osent entrer en dialogue parce qu'ils croient en la possibilité d'un avenir commun.
(12.00 euros, 168 p.)
ISBN : 978-2-343-07824-3, ISBN EBOOK : 978-2-336-39689-7

LE CAPITALISME, CANCER DE L'HUMANITÉ
Une économie inhumaine et meurtrière, une société malade, la vie sur Terre en péril
Kornheiser Georges
En 2016, le patrimoine cumulé de 1 % de la population mondiale dépassera celui des 99 % restants, ce qui est sans précédent. Cette minorité possède tous les pouvoirs : économique, médiatique, politique, qu'ils soient étiquetés de droite ou de gauche, les partis de gouvernement sont tous convertis aux dogmes néolibéraux et pratiquent en fait la même politique une fois aux commandes. Le capitalisme est devenu fou. Un autre univers, plus juste et plus humain, est pourtant possible. Il n'est que temps de travailler à son avènement, avant que les dommages ne soient devenus irréversibles.
(Coll. Questions contemporaines, 39.00 euros, 436 p.)
ISBN : 978-2-343-07156-5, ISBN EBOOK : 978-2-336-39615-6

UNE ÉCONOMIE SOLIDAIRE PEUT-ELLE ÊTRE FÉMINISTE ?
Homo oeconomicus, mulier solidaria
Sous la direction de Christine Verschuur, Isabelle Guérin et Isabelle Hillenkamp
Comment expliquer le faible intérêt, dans la littérature sur l'économie sociale et solidaire, pour le genre et les théories féministes, alors que ces initiatives sont fortement genrées et que les femmes y sont surreprésentées ? À quelles conditions ces initiatives sont-elles une opportunité de réinvention de l'économie, réencastrée dans le social et le politique et au service de la justice sociale et de genre ? L'économie solidaire peut-elle constituer une source d'émancipation pour les femmes ou non ? (Articles en français, anglais, espagnol.)
(Coll. Genre et développement - Rencontres, 29.00 euros, 300 p.)
ISBN : 978-2-343-07602-7, ISBN EBOOK : 978-2-336-39514-2

CONVENTION COLLECTIVE NATIONALE DES ENTREPRISES DE SERVICES À LA PERSONNE ANNOTÉE
Dahan Alison, Granet Régis
La convention collective nationale des entreprises de services à la personne de septembre 2012, depuis son extension par arrêté du 3 avril 2014, a vocation à s'appliquer à toutes les entreprises

privées relevant du secteur des services à la personne. Cet ouvrage accompagnera les entreprises, les salariés et praticiens dans l'application de la règlementation en vigueur grâce aux explications simples intégrées tout au long de l'ouvrage.
(Coll. Défis, 28.50 euros, 288 p.)
ISBN : 978-2-343-07910-3, ISBN EBOOK : 978-2-336-39684-2

COMMERCE INTERNATIONAL, INVESTISSEMENTS DIRECTS ÉTRANGERS ET PARTICIPATION DES PAYS MÉDITERRANÉENS AUX CHAÎNES DE VALEUR MONDIALES
Sous la direction de Cécile Bastidon-Gilles, Azzedine Ghoufrane, Nassim Oulmane et Ahmed Silem ; préface de Saaïd Amzazi
Ce livre analyse les difficultés que rencontrent les pays sud-méditerranéens dans leur processus de participation aux chaînes de valeur mondiales. En prenant appui sur des stratégies de développement efficaces adoptées ailleurs, les auteurs expliquent comment remédier aux contraintes de l'offre pour favoriser l'attractivité à l'égard des investissements directs étrangers (IDE).
(23.50 euros, 220 p.)
ISBN : 978-2-343-07238-8, ISBN EBOOK : 978-2-336-39408-4

LES 8 VALEURS GAGNANTES
Des managers épanouis et performants
Andevert Christophe
L'ouvrage développe une approche managériale pragmatique. Les actes clés du management sont ainsi structurés à partir de processus efficaces et faciles à s'approprier. Des exemples sous format vidéo complètent les thèmes du livre. Après réflexion menée autour de la relation manager-collaborateur, l'auteur propose une approche par les ressemblances. Simple et efficiente, elle tend vers davantage de cohérence. Le manager œuvre alors dans le sens d'une performance qui se conjugue avec cohésion et bien-être.
(Coll. Vivre l'entreprise, série Management et Ressources Humaines, 19.00 euros, 180 p.)
ISBN : 978-2-343-07298-2, ISBN EBOOK : 978-2-336-39477-0

LE TEMPS DES ARTISANS
Permanences et mutations
Marché et Organisations 24
Sous la direction de Sophie Boutillier, Claude Fournier et Cédric Perrin
L'artisanat regroupe en France, comme dans tous les pays industrialisés et en développement, des entreprises dynamiques et innovantes aussi bien sur le plan technique que social. Mais si les artisans font notre quotidien, ils rencontrent de nombreuses difficultés économiques, politiques et sociales. L'ensemble de ces contributions traite de ces questions sous divers aspects, temporalités et aires géographiques. L'objectif de ce volume est de montrer par petites touches la diversité de l'artisanat aujourd'hui.
(25.50 euros, 238 p.) *ISBN : 978-2-343-07685-0, ISBN EBOOK : 978-2-336-39609-5*

ÉTHIQUE POUR ENTREPRENEURS
Pourquoi les entreprises et les pays ont tout à gagner avec la responsabilité sociale ?
Kliksberg Bernardo - Traduit par Odile Begué Girondo
Ce livre s'inscrit dans la lutte pour placer les grands thèmes éthiques au cœur des débats économiques en Amérique du Sud et promouvoir de nouvelles politiques publiques en faveur de l'insertion universelle et d'un changement dans le comportement des acteurs. L'auteur présente la Responsabilité Sociale de l'Entreprise (RSE), décrit les forces historiques qui l'ont fait progresser, explique en quoi elle est bénéfique aux entreprises. Il expose également ses possibilités d'action, la formation de ses futurs dirigeants et ses perspectives d'avenir.
(24.00 euros, 276 p.) *ISBN : 978-2-343-07851-9, ISBN EBOOK : 978-2-336-39605-7*

L'HARMATTAN ITALIA
Via Degli Artisti 15; 10124 Torino
harmattan.italia@gmail.com

L'HARMATTAN HONGRIE
Könyvesbolt ; Kossuth L. u. 14-16
1053 Budapest

L'HARMATTAN KINSHASA
185, avenue Nyangwe
Commune de Lingwala
Kinshasa, R.D. Congo
(00243) 998697603 ou (00243) 999229662

L'HARMATTAN CONGO
67, av. E. P. Lumumba
Bât. – Congo Pharmacie (Bib. Nat.)
BP2874 Brazzaville
harmattan.congo@yahoo.fr

L'HARMATTAN GUINÉE
Almamya Rue KA 028, en face
du restaurant Le Cèdre
OKB agency BP 3470 Conakry
(00224) 657 20 85 08 / 664 28 91 96
harmattanguinee@yahoo.fr

L'HARMATTAN MALI
Rue 73, Porte 536, Niamakoro,
Cité Unicef, Bamako
Tél. 00 (223) 20205724 / +(223) 76378082
poudiougopaul@yahoo.fr
pp.harmattan@gmail.com

L'HARMATTAN CAMEROUN
TSINGA/FECAFOOT
BP 11486 Yaoundé
699198028/675441949
harmattancam@yahoo.com

L'HARMATTAN CÔTE D'IVOIRE
Résidence Karl / cité des arts
Abidjan-Cocody 03 BP 1588 Abidjan 03
(00225) 05 77 87 31
etien_nda@yahoo.fr

L'HARMATTAN BURKINA
Penou Achille Some
Ouagadougou
(+226) 70 26 88 27

L'HARMATTAN SÉNÉGAL
10 VDN en face Mermoz, après le pont de Fann
BP 45034 Dakar Fann
33 825 98 58 / 33 860 9858
senharmattan@gmail.com / senlibraire@gmail.com
www.harmattansenegal.com

Achevé d'imprimer par Corlet Numérique - 14110 Condé-sur-Noireau
N° d'Imprimeur : 137369 - Dépôt légal : mars 2017 - *Imprimé en France*

www.ingramcontent.com/pod-product-compliance
Lightning Source LLC
LaVergne TN
LVHW021218061026
849535LV00008B/2804
* 9 7 8 2 3 4 3 1 1 8 4 9 9 *